Friedrich Dürrenmatt

*Werkausgabe
in dreißig Bänden*

*Herausgegeben
in Zusammenarbeit
mit dem Autor*

Band 26

Friedrich Dürrenmatt
Literatur und Kunst

Essays, Gedichte
und Reden

Diogenes

Umschlag: Detail aus ›Das Arsenal des Dramatikers‹ von
Friedrich Dürrenmatt.
Nachweis der einzelnen Texte am Schluß des Bandes.
Namenregister: Ueli Duttweiler.
Die Texte wurden für diese Ausgabe durchgesehen und
korrigiert. Redaktion: Franz Cavigelli.

Berechtigte Lizenzausgabe mit freundlicher Genehmigung
der Verlags AG ›Die Arche‹, Zürich
Alle Rechte an dieser Edition vorbehalten
Diogenes Verlag AG Zürich, 1980
120/80/8/1
ISBN 3 257 20857 X

Inhalt

Anhang

Autobiographisches

Vom Anfang her

1957

Ich wurde am 5. Januar 1921 in Konolfingen (Kanton Bern) geboren. Mein Vater war Pfarrer, mein Großvater väterlicherseits Politiker und Dichter im großen Dorfe Herzogenbuchsee. Er verfaßte für jede Nummer seiner Zeitung ein Titelgedicht. Für ein solches Gedicht durfte er zehn Tage Gefängnis verbringen. »Zehn Tage für zehn Strophen, ich segne jeden Tag«, dichtete er darauf. Diese Ehre ist mir bis jetzt nicht widerfahren. Vielleicht liegt es an mir, vielleicht ist die Zeit so auf den Hund gekommen, daß sie sich nicht einmal mehr beleidigt fühlt, wenn mit ihr aufs allerschärfste umgesprungen wird. Meine Mutter (der ich äußerlich gleiche) stammt aus einem schönen Dorfe nahe den Bergen. Ihr Vater war Gemeindepräsident und Patriarch. Das Dorf, in welchem ich geboren wurde und aufwuchs, ist nicht schön, ein Konglomerat von städtischen und dörflichen Gebäuden, doch die kleinen Dörfer, die es umgeben und die zur Gemeinde meines Vaters gehörten, waren echtes Emmental und wie von Jeremias Gotthelf beschworen (und so ist es noch heute). Es ist ein Land, in welchem die Milch die Hauptrolle spielt. Sie wird von den Bauern in großen Kesseln nach der Milchsiederei, einer großen Fabrik mitten im Dorfe, der Stalden AG, gebracht. In Konolfingen erlebte ich auch meine ersten künstlerischen Eindrücke. Meine Schwester und ich wurden vom Dorfmaler gemalt. Stundenlang malte und zeichnete ich von nun an im Atelier des Meisters. Die Motive Sintfluten und Schweizerschlachten. Ich war ein kriegerisches Kind. Oft rannte ich als Sechsjähriger im Garten herum, mit einer langen Bohnenstange bewaffnet, einen Pfannendeckel als Schild, um endlich meiner Mutter erschöpft zu melden, die Österreicher seien aus dem Garten gejagt. Wie sich meine kriegerischen Taten aufs Papier verzogen und immer grausamere Schlachten die geduldige Fläche bedeckten, wandte sich meine Mutter verängstigt an den Kunstmaler Kuno Amiet, der die blutrünstigen Blätter schweigend betrachtete, um endlich kurz und bündig zu urteilen: Der wird Oberst. Der Meister hat sich in diesem Fall geirrt: Ich brachte es in der schweizerischen Armee nur zum Hilfsdienst-Soldaten und im Leben nur zum Schriftsteller. Die weiteren Wege und Irrwege, die mich dazu führten, will ich hier nicht beschreiben. Doch habe ich in meine heutige Tätigkeit aus der Welt meiner Kindheit Wichtiges herübergerettet: Nicht nur die ersten Eindrücke, nicht nur das Modell zu meiner heutigen Welt, auch die ›Methode‹ meiner Kunst selbst. Wie mir im Atelier des Dorfkünstlers die Malerei als ein Handwerk gegenübertrat, als ein Hantieren mit Pinsel, Kohle und Feder usw., so ist mir heute die Schriftstellerei ein Beschäftigen und Experimentieren mit verschiedenen Materien geworden. Ich schlage mich mit Theater, Rundfunk, Romanen und Fernsehen herum, und vom Großvater her weiß ich, daß Schreiben eine Form des Kämpfens sein kann.

Dokument

1965

Die Geschichte meiner Schriftstellerei ist die Geschichte meiner Stoffe, Stoffe jedoch sind verwandelte Eindrücke. Man schreibt als ganzer Mann, nicht als Literat oder gar als Grammatiker, alles hängt zusammen, weil alles in Beziehung gebracht wird, alles kann so wichtig werden, bestimmend, meistens nachträglich, unvermutet. Sterne sind Konzentrationen von interstellarer Materie, Schriftstellerei die Konzentration von Eindrücken. Keine Ausflucht ist möglich. Als Resultat seiner Umwelt hat man sich zur Umwelt zu bekennen, doch prägen sich die entscheidenden Eindrücke in der Jugend ein, das Grausen blieb, das mich erfaßte, wenn der Gemüsemann in seinem kleinen Laden unter dem Theatersaal mit seinem handlosen Arm einen Salatkopf auseinanderschob. Solche Eindrücke formen uns, was später kommt, trifft schon mit Vorgeformtem zusammen, wird schon nach einem vorbestimmten Schema verarbeitet, zu Vorhandenem einverleibt, und die Erzählungen, denen man als Kind lauschte, sind entscheidender als die Einflüsse der Literatur. Rückblickend wird es uns deutlich. Ich bin kein Dorfschriftsteller, aber das Dorf brachte mich hervor, und so bin ich immer noch ein Dörfler mit einer langsamen Sprache, kein Städter, am wenigsten ein Großstädter, auch wenn ich nicht mehr in einem Dorfe leben könnte.

Das Dorf selbst entstand, wo die Straßen Bern-Luzern

und Burgdorf-Thun sich kreuzen; auf einer Hochebene, am Fuße eines großen Hügels und nicht weit vom Galgenhubel, wohin die vom Amtsgericht einst die Mörder und Aufwiegler gekarrt haben sollen. Durch die Ebene fließt ein Bach, und die kleinen Bauerndörfer und Weiler auf ihr brauchten einen Mittelpunkt, die Aristokraten ringsherum waren verarmt, ihre Sitze wandelten sich in Alters- oder Erholungsheime um. Zuerst war an der Straßenkreuzung wohl nur ein Wirtshaus, dann fand sich ihm schräg gegenüber die Schmiede ein, später belegten die beiden anderen Felder des Koordinatenkreuzes Konsum und Theatersaal, letzterer nicht unwichtig, wies doch das Dorf einen bekannten Dramatiker auf, den Lehrer Gribi, dessen Stücke von den dramatischen Vereinen des ganzen Emmentals gespielt wurden, und sogar einen Jodlerkönig, der Schmalz hieß. Der Thunstraße entlang siedelten sich der Drucker, der Textilhändler, der Metzger, der Bäcker und die Schule an, die freilich schon gegen das nächste Bauerndorf zu, dessen Burschen mich auf dem Schulweg verprügelten und dessen Hunde wir fürchteten, während das Pfarrhaus, die Kirche, der Friedhof und die Ersparniskasse auf einer kleinen Anhöhe zwischen der Thun- und der Bernstraße zu liegen kamen. Doch erst die große Milchsiederei, die Stalden AG, an der steil ansteigenden Burgdorfstraße errichtet, machte das Dorf zu einem ländlichen Zentrum, die Milch der ganzen Umgebung wurde hergeschleppt, auf schweren Lastwagen, die wir in Gruppen erwarteten, als wir später nach Großhöchstetten in die Sekundarschule mußten, an die wir uns hängten, um so auf unseren Velos die Burgdorfstraße hinaufgezogen zu werden, voller Furcht, jedoch nicht vor der Polizei, dem dicken Dorfpolizisten fühlten sich alle gewachsen, sondern vor dem Französisch- und Schreiblehrer, den wir Baggel nannten, vor dessen Lektionen wir zitterten, war er doch ein bösartiger Prügler, Klemmer und Haarzieher, der uns auch zwang, einander die Hände zu schütteln: Grüß Gott gelehrter Europäer, und aneinandergehängt hinter dem rasselnden Lastwagen mit den tanzenden, am Morgen leeren Milchkesseln, malten wir uns den Lehrer als einen riesigen Berg aus, den wir zu besteigen hatten, mit grotesken Ortsbezeichnungen und entsprechend schwierigen Kletterpartien. Doch das war schon kurz bevor ich in die Stadt zog, der Bahnhof ist in meiner Erinnerung wichtiger als die Milchsiederei mit ihrem Hochkamin, das mehr als der Kirchturm das Wahrzeichen des Dorfes war. Er hatte das Recht, sich Bahnhof zu nennen, weil er ein Eisenbahnknotenpunkt war, und wir vom Dorfe waren stolz darauf: Nur wenige Züge hatten den Mut, nicht anzuhalten, brausten vorbei nach dem fernen Luzern, nach dem näheren Bern, auf einer Bank vor dem Bahnhofgebäude sitzend sah ich ihnen oft mit einer Mischung von Sehnsucht und Abscheu entgegen, dann dampften sie vorüber und davon. Aber noch weiter zurück gleitet die Erinnerung in die Unterführung, dank deren die Bahngeleise die Burgdorfstraße überbrücken und von der aus man auf einer Treppe geradewegs zum Bahnhof gelangt. Sie stellt sich mir als eine dunkle Höhle dar, in die ich als Dreijähriger geraten war, mitten auf der Straße, von zu Hause ins Dorf entwichen; am Ende der Höhle war Sonnenlicht, aus dem die dunklen Schatten der Autos und Fuhrwerke heranwuchsen, doch ist nicht mehr auszumachen, wohin ich eigentlich wollte, denn durch die Unterführung gelangte man nicht nur zur

Milchsiederei und zum Bahnhof, auch die besseren Leute
hatten sich am Steilhang des Ballenbühls angesiedelt, so
meine Gotte, welche die Gattin des Dorfarztes war, der
ich später meine nie befriedigenden Schulzeugnisse zur
Einsicht bringen mußte, der Kirchgemeindepräsident
und außerdem der Zahnarzt und der Zahntechniker. Die
beiden betrieben das Zahnärztliche Institut, das noch
heute weite Teile des Landes malträtiert und den Ort
berühmt macht. Die beiden besaßen Automobile und
waren schon deshalb privilegiert, und des Abends schüt-
teten sie das mit Plombieren, Zahnziehen und Gebißver-
fertigen gewonnene Geld zusammen, um es mit bloßer
Hand zu teilen, ohne noch genauer abzuzählen. Der
Zahntechniker war klein und dick, mit Fragen der Volks-
gesundheit beschäftigt, ließ er ein Volksbrot verfertigen,
vor dem einen das kalte Grauen überkam, der Zahnarzt
jedoch war ein stattlicher Mann, dazu Welschschweizer,
wohl Neuenburger. Er galt als der reichste Mann im
ganzen Amtsbezirk; später sollte sich diese Meinung als
tragischer Irrtum erweisen. Aber sicher war er der
frömmste, redete er doch als Mitglied einer extremen
Sekte noch während des Bohrens von Christus, und
wurde er doch im Glaubenseifer nur noch von einer
hageren Frau unbestimmten Alters erreicht, die sich stets
schwarz kleidete, zu der freilich die Engel nach ihrer
Behauptung niederstiegen, die noch während des Mel-
kens die Bibel las und zu der ich nachts vom Pfarrhaus
über die Ebene die Hausierer und Vaganten zum Über-
nachten bringen mußte, denn meine Eltern waren gastli-
che Pfarrsleute und wiesen niemanden ab und ließen
mitessen, wer mitessen wollte, so die Kinder eines Zir-
kusunternehmens, welches das Dorf jährlich besuchte,

und einmal fand sich auch ein Neger ein. Er war tief-
schwarz, saß am Familientisch links neben meinem Vater
und aß Reis mit Tomatensoße. Er war bekehrt, aber
dennoch fürchtete ich mich. Überhaupt wurde im Dorfe
viel bekehrt. Es wurden Zeltmissionen abgehalten, die
Heilsarmee rückte auf, Sekten bildeten sich, Evangelisten
predigten, aber am berühmtesten wurde der Ort in dieser
Hinsicht durch die Mohammedaner-Mission, die in einem
feudalen Chalet hoch über dem Dorfe residierte, gab
sie doch eine Weltkarte heraus, auf der in Europa nur ein
Ort zu finden war, das Dorf, eine missionarische Wich-
tigtuerei, die den Wahn erzeugte, sich einen Augenblick
lang im Mittelpunkt der Welt angesiedelt zu fühlen und
nicht in einem Emmentaler Kaff. Der Ausdruck ist nicht
übertrieben. Das Dorf war häßlich, eine Anhäufung von
Gebäuden im Kleinbürgerstil, wie man das überall im
Mittelland findet, aber schön waren die umliegenden
Bauerndörfer mit den großen Dächern und den sorgfältig
geschichteten Misthaufen, geheimnisvoll die dunklen
Tannenwälder ringsherum, und voller Abenteuer war die
Ebene mit dem sauren Klee in den Wiesen und mit den
großen Kornfeldern, in denen wir herumschlichen, tief
innen unsere Nester bauend, während die Bauern an den
Rändern standen und fluchend hineinspähten. Doch
noch geheimnisvoller waren die dunklen Gänge im Heu,
das die Bauern in ihren Tennen aufgeschichtet hatten,
stundenlang krochen wir in der warmen, staubigen Finsternis herum und spähten von den Ausgängen in den
Stall hinunter, wo in langen Reihen die Kühe standen.
Der unheimlichste Ort jedoch war für mich der obere
fensterlose Estrich im Elternhaus. Er war voll alter Zeitungen und Bücher, die weißlich im Dunkeln schimmer-

ten. Auch erschrak ich einmal in der Waschküche, ein
unheimliches Tier lag dort, ein Molch vielleicht, während
der Friedhof ohne Schrecken war. In ihm spielten wir oft
Verstecken, und war ein Grab ausgehoben, richtete ich
mich darin häuslich ein, bis der herannahende Leichen-
zug, vom Glockengeläute angekündigt, mich vertrieb.
Denn nicht nur mit dem Tode waren wir vertraut, auch
mit dem Töten. Das Dorf kennt keine Geheimnisse, und
der Mensch ist ein Raubtier mit manchmal humanen
Ansätzen, beim Metzger müssen die fallengelassen werden. Wir schauten oft zu, wie die Schlächtergesellen
töteten, wir sahen, wie das Blut aus den großen Tieren
schoß, wir sahen, wie sie starben und wie sie zerlegt
wurden. Wir Kinder schauten zu, eine Viertelstunde,
eine halbe Stunde, und dann spielten wir wieder auf dem
Gehsteig mit Marmeln.

Doch das genügt nicht. Ein Dorf ist nicht die Welt. Es
mögen sich in ihm Lebensschicksale abspielen, Tragödien
und Komödien, das Dorf wird von der Welt bestimmt, in
Ruhe gelassen, vergessen oder vernichtet, und nicht umgekehrt. Das Dorf ist ein beliebiger Punkt im Weltgan-
zen, nicht mehr, durch nichts bedeutend, zufällig, auszu-
wechseln. Die Welt ist größer als das Dorf. Über den
Wäldern stehen die Sterne. Ich machte mit ihnen früh
Bekanntschaft, zeichnete ihre Konstellationen: den unbe-
weglichen Polarstern, den kleinen und den großen Bären
mit dem geringelten Drachen zwischen ihnen, ich lernte
die helle Wega kennen, den funkelnden Atair, den nahen
Sirius, die ferne Deneb, die Riesensonne Aldebaran, die
noch gewaltigeren Beteigeuze und Antares, ich wußte,
daß das Dorf zur Erde und die Erde zum Sonnensystem
gehöre, daß die Sonne mit ihren Planeten sich um das

Zentrum der Milchstraße bewege Richtung Herkules,
und ich vernahm, daß der gerade noch von bloßem Auge
erkennbare Andromedanebel eine Milchstraße sei wie die
unsrige. Ich war nie ein Ptolemäer. Vom Dorfe aus
kannte ich die nähere Umgebung, ferner die nahe Stadt,
einen Ferienkurort auch in den nahen Bergen, darüber
hinaus einige Kilometer Schulreisen, das war alles, doch
nach oben, in den Raum hinein, baute sich ein Gerüst
von ungeheuerlichen Entfernungen auf, und so war es
auch mit der Zeit: Das Entfernte war wirksamer als das
Unmittelbare. Das Unmittelbare wurde nur wahrgenom-
men, soweit es in das Erfaßbare dringen konnte, als das
reale Leben des Dorfes; schon die Dorfpolitik war zu
abstrakt, noch abstrakter die Politik des Landes, die
sozialen Krisen, die Bankzusammenbrüche, bei denen
die Eltern ihr Vermögen verloren, die Bemühungen um
den Frieden, das Aufkommen der Nazis, zu unbestimmt,
zu bildlos alles, aber die Sintflut, die war faßbar, ein
plastisches Ereignis, Gottes Zorn und Wasserlassen, den
ganzen Ozean kippte er über die Menschheit aus, nun
schwimmt mal, und dann der mutige David, der prahlen-
de Goliath, die Abenteuer des Herkules, des stärksten
Mannes, den es je gab, der königliche Theseus, der
Trojanische Krieg, die finsteren Nibelungen, der strah-
lende Dietrich von Bern, die tapferen Eidgenossen, die
Österreicher zusammendreschend und bei St. Jakob an
der Birs einer unermeßlichen Übermacht erliegend, alles
zusammengehalten, der Mutterschoß des Dorfes und die
wilde Welt des Draußen, der Geschichte und der Sagen,
die gleich wirklich waren, aber auch die unermeßlichen
Gestalten des Alls durch einen schemenhaften Lieben
Gott, den man anbeten, um Verzeihung bitten mußte,

von dem man aber auch das Gute, das Erhoffte und Gewünschte erwarten durfte als von einem rätselhaften Überonkel hinter den Wolken. Gut und Böse waren festgesetzt, man stand in einem ständigen Examen, für jede Tat gab es gleichsam Noten, und darum war die Schule auch so bitter: Sie setzte das himmlische System auf Erden fort, und für die Kinder waren die Erwachsenen Halbgötter. Schrecklich-schönes Kinderland: Die Welt der Erfahrung war klein, ein läppisches Dorf, nicht mehr, die Welt der Überlieferung war gewaltig, schwimmend in einem rätselhaften Kosmos, durchzogen von einer wilden Fabelwelt von Heldenkämpfen, durch nichts zu überprüfen. Man mußte diese Welt hinnehmen. Man war dem Glauben ausgeliefert, schutzlos und nackt.

Meere

Ich liebe das Haus zu verlassen

In einen Tag zu gehen, der sich gegen Abend neigt

Durch Meere roten Laubs zu waten

Gedichtband
bei einer Mittagszigarre

Gott schuf die Welt ohne zu denken

    Soso lala

Er machte sie aus dem Nichts, mit einer Geschwindigkeit
ohne Gleichen

    Soso lala

Darum (die Sonne steht immer noch hoch) dichte ich in
sechzig Sekunden

    Soso lala

eine ganze Welt voll. Zwischen zwei Uhr dreizehn und
zwei Uhr vierzehn

    Soso lala

Man muß es endlich einmal wagen hinüberzuspringen

bei einer Zigarre zu dichten, die dabei nur ein Weniges
verrauchen darf

zu arbeiten, ohne sich zu korrigieren

die Worte einfach hinzusetzen, wie eine Mutter Kinder
auf die Welt setzt

ohne sie wieder zurückzunehmen.

Das Zögern einer Sekunde verdirbt ein Gedicht.

Auch ist es nicht erlaubt, Worte zu wählen.

So schreibe ich denn, so springe ich denn
an ein anderes Ufer.

Eines Tags (die Sonne stand hoch)

betrachtend die weiße Wäsche, die man hingehängt hatte

und darüber hin die Zweige der Bäume

weiß, grün vor dem blauen Himmel,

Alles vom Winde bewegt, von dem frischen, nördlichen
Winde

überfiel mich die Ahnung einer höheren Leichtigkeit.

O Leichtigkeit des Gedankens, der zum Verbrechen
wird, wenn man Arbeit an ihn wendet!

Wie der Wind die Zweige bewegt, die grünen
 die Wäsche, die weiße,

bewegt der Geist das mühsame Durcheinander von
 Blut und Fleisch meines Leibes,

mich treibend in seinem Spiel.

Du einziges Spiel, das immer noch erlaubt ist:

Gedichte, die in ein, zwei Minuten getan sind

im Traume eines Tags (die Sonne stand hoch)

Blitze, die irdische Finsternis erleuchten.

Literatur

Randnotizen zu Else Lasker-Schülers
›Dichtungen und Dokumente‹

1951

Die Stadt, in der sie geboren wurde, Elberfeld, und jene, die alte, heilige, in der sie starb, Jerusalem, kommentieren sie: Man nannte sie eine Kaffeehausliteratin und trieb sie in die Wüste. In Zürich, wo das Schauspielhaus (eine seiner großen Taten) ihr Stück *Arthur Aronymus und seine Väter* uraufführte, das nur zweimal gegeben werden konnte, lebte sie auch. Verflucht, in einer Zeit zu leben, die Philosophie treibt, wenn sie dichtet, und Wissenschaft, wenn sie mordet, nannte sie sich Jussuf, Prinz von Theben. Sie war ein so großer Phantast, daß sie aus der Wupper einen Nil machte, doch gerade so gewann sie auf eine geheimnisvolle Weise die Wirklichkeit, nicht jene freilich, die eine Schöpfung der Menschen ist, sondern jene höhere, welche die Schöpfung selbst ist: die Ursprünglichkeit dieses Planeten. Sie sah die Dinge wie zum erstenmal und sagte sie wie zum erstenmal. Dann fällt auf, wie oft sie Menschen zum Gegenstand ihrer Gedichte macht, die Erzväter, Saul, David und Jonathan, aber auch Menschen, die sie kannte, so Georg Trakl, den sie liebte, wie also immer Menschen für sie wichtig sind. Ihre Prosa – von der *Das Hebräerland* das Schönste ist – reichte bis zum Pamphlet. *Ich räume auf!* schrieb sie gegen ihre Verleger. Das herrliche Gedicht *Ein alter Tibetteppich* wurde vor allem von Karl Kraus bewundert, der einmal für sie Geld sammelte und sie die stärkste und unwegsamste lyrische Erscheinung des modernen Deutschland nannte. Eines ihrer schönsten Liebeslieder schrieb sie im Alter. Sie war Jüdin und eine Deutsche. Sie glaubte wie ein Kind, unbestimmter als Trakl, ohne dessen Verzweiflung, doch kann nur der das Wort verstehen, das sie über ihren Sohn schrieb: »Meine Liebe zu dir ist das Bildnis, das man sich von Gott machen darf«, der sie vom Religiösen *und* vom Jüdischen her sieht. Sie war so unbekümmert Dichterin, daß sie alles konnte, auch das Dramenschreiben, also etwas, das die heutigen Dramatiker lange nicht immer können, von dem sie sagte, es sei eine schreitende Lyrik. (Damit – wenn man das Wort richtig begreift, ebensoviel Wert auf das Schreiten wie auf die Lyrik legt, vor allem unter Lyrik das versteht, was Else Lasker-Schüler mit ihren Gedichten tat – ist etwas Wichtiges gesagt.) Sie wurde aus Deutschland ausgewiesen, doch aus der deutschen Sprache konnte man sie nicht ausweisen: Hier wies sie sich aus. Sie hatte so sehr Sprache, daß nichts, kein Unglück, keine Verfolgung diese Sprache zerstören konnte, immer wieder brach die Sprache mit ihr in Gebiete durch, von denen die Schulweisheit sich wirklich nichts träumen läßt. So heilte sie, was die Zeit schändete. Da die Deutschen die Juden verfolgten, rettete eine arme, vertriebene Jüdin mit wenigen anderen – o mit wie wenigen – die deutsche Sprache.

Wenn es auf den ersten Blick merkwürdig berührt, daß der öffentliche Literaturbetrieb bis jetzt von Else Lasker-Schüler so wenig Notiz nahm (verglichen etwa mit der Papierflut, die Rilke hervorruft, um einen anderen bedeutenden Dichter zu nennen), so ist zu bemerken, daß eine Zeit in der Hauptsache nach jenen Dichtern greift, die sie nötig zu haben glaubt, und darum gerade die liegen läßt, die sie nötig hat. Unter anderem – vielem anderen – ist wohl die Unsicherheit der Philosophie daran schuld, die, soweit man in diese dunkle Sphäre Einblick erhält, nicht mehr recht sich selber traut und nun die Literatur als Stoff erfunden hat, als Ablenkung gleichsam, so daß man sich um jene philosophischen Reste balgt, die der Dichtung unter den Tisch fallen, besonders wenn ein Rilke dichtet. Einer solchen Zeit liegt daher notgedrungen eine so kompakte Erscheinung wie Else Lasker-Schüler nicht, die keinen Rest der Philosophie übrigläßt, nur unmittelbare Dichtung ist, bald nur Vision, bald nur Erinnerung, bald nur Liebe, bald nur Klage, alles ausschließlich, mit wilder Leidenschaft – oder dann bedeutungslos, verworren wird, wenn sie ohne Inspiration schrieb, was oft vorkam, bändeweise. So hatte Rilke mehr Hochplateau, durchaus angenehm zu kultivieren, geeignet für Sommergäste, Sommerkurse und literarische Fremdenführer. Er war lawinensicherer, hatte mehr Niveau als sie, die ein kühneres Gebirge war als er, vulkanischer Natur, mit steileren Abstürzen und größeren Höhen. Zwei Landschaften, die nichts miteinander zu tun haben. Ebensowenig konnte die Epoche etwas mit Karl Kraus anfangen, der alles mit ihr anfing, der, ein ungeheuerliches Kraftfeld an Sprache, gerade das und ausschließlich das tat, was die Zeit nicht wollte, das Absolute. Daher gehört Else Lasker-Schüler zu Karl Kraus, dem sie ihre schönsten Gedichte, die hebräischen Balladen, widmete, den sie den Kardinal nannte und dessen Schicksal, nicht populär, weiten Kreisen unbekannt zu sein, sie teilt – es gibt kein schöneres. Immer wieder aufs neue entdecken läßt sich nur, was nicht Mode werden kann.

So ist es auch natürlich, daß der Herausgeber und Auswähler der Gedichte, Prosa, Schauspiele und Briefe Else Lasker-Schülers, Ernst Ginsberg, gleich auf über 600 Seiten kam: Die Dichterin mußte vorgestellt werden, so sehr war sie in Deutschland in Vergessenheit geraten. Alles Wesentliche ist denn in diesem Bande zu finden. Dazu kommen einige Zeichnungen Else Lasker-Schülers und Photographien. Wesentliche Zeugnisse und Erinnerungen an die große Dichterin, an diese seltsame Frau mit dem oft so skurrilen Humor (so sagte sie zu Gerhart Hauptmann, er sehe aus wie die Großmutter von Goethe), schließen den sorgfältig hergestellten und mustergültig herausgegebenen Band.

Fingerübungen zur Gegenwart

1952

Meine Damen und Herren,

Wenn man schon in einem so kleinen Lande wie dem unsrigen die Donquijoterie begeht, ein Schriftsteller deutscher Sprache zu sein und nichts anderes, nicht etwa noch zu drei Vierteln oder vier Fünfteln ein Redaktor, Lehrer oder Bauer, oder was es sonst noch bei uns für Berufe gibt, so muß man sich doch vielleicht langsam fragen, ob denn ein solches Unternehmen, das sich seiner Natur gemäß immer um den Bankrott dreht, ungefähr so, wie die Erde um die Sonne, absolut und unter allen Umständen notwendig sei. Es reden ja nicht einmal alle in unserem Lande deutsch, und sogar die, die es tun, stehen im allgemeinen dieser Sprache etwas fremd gegenüber, da sie ja Dialekt sprechen, wie es natürlich ist, und das Land, in welchem siebzig Millionen Deutsche leben, ist untergegangen und auseinandergebrochen. In dieser Zeit ein Schriftsteller sein zu wollen, heißt mit dem Kopf durch die Wand rennen. Meine Damen und Herren, das tue ich leidenschaftlich gern, und in bin der Meinung, daß Wände gerade dazu erfunden sind. Ich bin daher in diesem Lande Schriftsteller geworden, *gerade weil* man da die Schriftstellerei nicht nötig hat. Ich bin es geworden, um den Leuten lästig zu fallen. Ob ich ein guter Schriftsteller bin, weiß ich nicht, und ich kümmere mich nicht sehr um diese müßige Frage; aber ich hoffe, daß

man von mir sagen wird, ich sei ein unbequemer Schriftsteller gewesen. So fällt es mir denn gar nicht ein, mich in
erster Linie an die Deutschen zu wenden, sondern ich
wende mich vor allem an die Schweizer, vor allem, da Sie
nun ja vor mir sitzen, an Sie, meine Damen und Herren.
Man wird mir vorwerfen, die Schweiz sei eine Provinz
und wer sich an eine Provinz wende, sei ein provinzieller
Schriftsteller. Gesetzt, daß es noch Provinzen gibt, haben
jene unrecht, die so sprechen. Man kann heute die Welt
nur noch von Punkten aus beobachten, die hinter dem
Mond liegen, zum Sehen gehört Distanz, und wie wollen
die Leute denn sehen, wenn ihnen die Bilder, die sie
beschreiben wollen, die Augen verkleben? Der Einwand
wird aufgeworfen, es sei unerlaubt, das zu schildern, was
man nicht selber erlebt habe, als ob Leiden eine Art
Monopol zum Dichten schüfe, aber war Dante in der
Hölle? Darum müssen Sie sich jetzt auch einen Schriftsteller wie mich gefallen lassen, der nicht von dem redet,
was er mit den Augen, sondern von dem, was er mit dem
Geiste gesehen hat, der nicht von dem redet, was einem
gefällt, sondern von dem, was einen bedroht. Ich bin ein
Protestant und protestiere. Ich zweifle nicht, aber ich
stelle die Verzweiflung dar. Ich bin verschont geblieben,
aber ich beschreibe den Untergang; denn ich schreibe
nicht, damit Sie auf mich schließen, sondern damit Sie auf
die Welt schließen. Ich bin da, um zu warnen. Die
Schiffer, meine Damen und Herren, sollen den Lotsen
nicht mißachten. Er kennt zwar die Kunst des Steuerns
nicht und kann die Schiffahrt nicht finanzieren, aber er
kennt die Untiefen und die Strömungen. Noch *ist* das
offene Meer, aber einmal werden die Klippen kommen,
dann werden die Lotsen zu brauchen sein.

Lieblingsgedichte

1953

In die gestellte Falle, die drei schönsten Gedichte zu nennen, möchte ich nicht hineingehen. Die schönsten Gedichte sind einem auch die liebsten, und diese verraten, heißt nun doch zuviel verraten. Die liebsten Gedichte gesteht man, wenn überhaupt, nur wenigen Menschen. Vor allem nicht dem Leser.

Ein Gedicht will ich trotzdem nennen. Nicht mein liebstes also, auch nicht eines jener, die mir am wichtigsten sind oder gar am nützlichsten, aber doch eines jener Gedichte, die mich am meisten verwundern, am meisten in Erstaunen versetzen. Kenne ich doch keines, das so sehr Wortkunst, so sehr Filigran und dennoch so elementar sein dürfte: im höchsten Grade zivilisiert und im höchsten Grade Natur.

Den viergeteilten Chor meine ich, der den dritten Akt im zweiten Teil des *Faust* beschließt und dem zuliebe mir vieles, was nachher kommt, gestohlen werden kann: Die heiligen Anachoreten, die ekstatischen, profunden, seraphischen Patres, gebe ich willig her (einige Stellen, herrliche Stellen, ausgenommen) samt dem Doctor Marianus (in der höchsten, reinlichsten Zelle).

Nun, ich liebe lange Gedichte besonders, das sei zugegeben in diesem peinlichen Verhör, wenn auch lange nicht alle langen, und das längste (um ein zweites zu nennen) kann ich auswendig, Trakls *Rondel*:

Verflossen ist das Gold der Tage,
Des Abends braun und blaue Farben:
Des Hirten sanfte Flöten starben,
Des Abends blau und braune Farben;
Verflossen ist das Gold der Tage.

Wann vermöchte diese Dauer zu enden, wann die Nacht, die da angebrochen ist?

Schön sind diese zwei Gedichte vor allem in der Erinnerung, dunkle verschwenderische Ströme, Ahnung gewaltiger Rhythmen, die einzelne Wortgebilde heranschwemmen, doppelt rein, doppelt deutlich nun in dieser Flut:

»Faselnd mit dem jüngsten Faun«, »Donnerts, rollen unsre Donner in erschütterndem Verdoppeln, dreifach, zehnfach hintennach«, »Den durchaus bepflanzten Hügel« (die Landschaft, die ich liebe), und kaum vermöchte ich eine andere Stelle deutscher Sprache zu nennen, in der das Geschlechtliche, Zottige, Nächtliche so Wort und Bild geworden ist wie in jener: »Und dazwischen schreit unbändig grell Silenus' öhrig Tier.« Gibt es einen unheimlicheren Vers?

Immer abwärts, immer tiefer wässern wir,
    mäandrisch wallend,
Jetzt die Wiese, dann die Matten, gleich den Garten
    um das Haus ...

Diese Stelle scheint mir Goethe wie wenige seiner Verse zu enthalten, Goethe in seiner gebändigten Dämonie (immer abwärts, immer tiefer), in seiner leichten Vorliebe für klassizistische Schnörkel (mäandrisch wallend), in seiner Genialität für das Differenzierte (jetzt ... dann ... gleich ...), Goethe in seiner phrasenlosen Humanität.

Der viergeteilte Chor aus ›Faust II‹ 3. Akt

EIN TEIL DES CHORS

Wir in dieser tausend Äste Flüsterzittern,
    Säuselschweben
Reizen tändelnd, locken leise wurzelauf des Lebens
    Quellen
Nach den Zweigen; bald mit Blättern, bald mit Blüten
    überschwenglich
Zieren wir die Flatterhaare frei zu luftigem Gedeihn.
Fällt die Frucht, sogleich versammeln lebenslustig
    Volk und Herden
Sich zum Greifen, sich zum Naschen, eilig kommend,
    emsig drängend;
Und wie vor den ersten Göttern bückt sich alles um
    uns her.

EIN ANDRER TEIL

Wir an dieser Felsenwände weithinleuchtend glattem
    Spiegel
Schmiegen wir, in sanften Wellen uns bewegend,
    schmeichelnd an;
Horchen, lauschen jedem Laute, Vogelsängen,
    Röhrigflöten,
Sei es Pans furchtbarer Stimme, Antwort ist sogleich
    bereit;
Säuselts, säuseln wir erwidernd, donnerts, rollen unsre
    Donner
In erschütterndem Verdoppeln, dreifach, zehnfach
    hintennach.

EIN DRITTER TEIL

Schwestern! Wir, bewegtern Sinnes, eilen mit den
    Bächen weiter;

Denn es reizen jener Ferne reichgeschmückte
    Hügelzüge.
Immer abwärts, immer tiefer wässern wir, mäandrisch
    wallend,
Jetzt die Wiese, dann die Matten, gleich den Garten
    um das Haus.
Dort bezeichnens der Zypressen schlanke Wipfel, über
    Landschaft,
Uferzug und Wellenspiegel nach dem Äther steigende.

EIN VIERTER TEIL

Wallt ihr andern, wo's beliebet; wir umzingeln, wir
    umrauschen
Den durchaus bepflanzten Hügel, wo am Stab die
    Rebe grünt;
Dort zu aller Tage Stunden läßt die Leidenschaft des
    Winzers
Uns des liebevollsten Fleißes zweifelhaft Gelingen
    sehn.
Bald mit Hacke, bald mit Spaten, bald mit Häufeln,
    Schneiden, Binden,
Betet er zu allen Göttern, fördersamst zum Sonnengott.
Bacchus kümmert sich, der Weichling, wenig um den
    treuen Diener,
Ruht in Lauben, lehnt in Höhlen, faselnd mit dem
    jüngsten Faun.
Was zu seiner Träumereien halbem Rausch er je
    bedurfte,
Immer bleibt es ihm in Schläuchen, ihm in Krügen und
    Gefäßen,
Rechts und links der kühlen Grüfte, ew'ge Zeiten
    aufbewahrt.

Haben aber alle Götter, hat nun Helios vor allen,
Lüftend, feuchtend, wärmend, glutend, Beerenfüll-
    horn aufgehäuft,
Wo der stille Winzer wirkte, dort auf einmal wirds
    lebendig,
Und es rauscht in jedem Laube, raschelt um von Stock
    zu Stock.
Körbe knarren, Eimer klappern, Tragebutten ächzen
    hin,
Alles nach der großen Kufe zu der Keltrer kräftgem
    Tanz;
Und so wird die heil'ge Fülle reingeborner saft'ger
    Beeren
Frech zertreten; schäumend, sprühend mischt sich's,
    widerlich zerquetscht.
Und nun gellt ins Ohr der Zimbeln mit der Becken
    Erzgetöne,
Denn es hat sich Dionysos aus Mysterien enthüllt;
Kommt hervor mit Ziegenfüßlern, schwenkend Zie-
    genfüßlerinnen,
Und dazwischen schreit unbändig grell Silenus' öhrig
    Tier.
Nichts geschont! Gespaltne Klauen treten alle Sitte
    nieder,
Alle Sinne wirbeln taumlich, gräßlich übertäubt das
    Ohr.
Nach der Schale tappen Trunkne, überfüllt sind Kopf
    und Wänste,
Sorglich ist noch ein und andrer, doch vermehrt er die
    Tumulte,
Denn um neuen Most zu bergen, leert man rasch den
    alten Schlauch!

Die Dritte Walpurgisnacht

1953

Karl Kraus' Stellung zum Weltgeschehen ist aus seinen Buchtiteln herauszulesen. Nach dem *Untergang der Welt durch schwarze Magie,* worunter er die Presse verstand, nach den dadurch zwangsläufigen *Letzten Tagen der Menschheit* 1914–1918 brach *Die Dritte Walpurgisnacht,* der Teufelstanz der Schemen und der verlorenen Seelen, mit Hitler an. Die Weltgeschichte wurde aufs neue zum Weltgericht. Die Katastrophe brach zum zweiten Male in diesem Jahrhundert über eine Menschheit herein, deren Schuld Gedankenlosigkeit und mangelnde Einbildungskraft war, wie er ihr immer wieder vorwarf, über eine Menschheit, »die nicht tötet, aber fähig ist, nicht zu glauben, was sie nicht erlebt«. Richteten Operettenfiguren die Menschheit im Ersten Weltkriege hin, so stieg nun mit Hitler ein Weltmetzger herauf. »Ein armes Volk hebt beschwörend die Rechte empor zu dem Gesicht, zu der Stirn, zu der Pechsträhne: Wie lange noch!« Diese Aspekte machen Karl Kraus bei vielen so unbeliebt. Die Welt braucht ihre Wunschträume, und daß die, welche regieren, schon wissen, was sie tun, träumt sie am hartnäckigsten. Wenn sich die Menschheit anschickt unterzugehen, soll sie es mit Tiefsinn tun, nichts Beleidigenderes als der Gedanke, sie könnte von Durchschnittsmenschen zugrunde gerichtet werden; auch im tiefsten Unglück hofft man immer noch, das Blutbad sei wenigstens von einem mythischen Oberförster angerichtet.

Dazu stellt sich ein Mißverständnis ein. Karl Kraus hat sich zeit seines Lebens mit Personen auseinandergesetzt. Auch *Die Dritte Walpurgisnacht* ist vorerst eine Auseinandersetzung mit Personen. Diese Kampfart, die stets auf Menschen zielte und höchst persönlich war, hat man Karl Kraus als Eitelkeit ausgelegt, ahnungslos, daß dies nur seine Methode war, genau zu sein. Über Gottfried Benn läßt sich schließlich bestimmter reden als über die Realisationen des Weltgeistes, über die Gottfried Benn damals redete. Karl Kraus umging den Menschen nie um einer Idee willen und so auch seine Gegner nicht. Dies macht ihn so unbequem, daß man ihm noch heute aus dem Wege geht: die Literatur wird bei ihm ungemütlich. Da der Geist für ihn etwas Konkretes war, die Sprache nämlich, war auch der Mensch für ihn etwas Konkretes. Mitleid war eine seiner stärksten Triebfedern. Er weigerte sich, ins Allgemeine Reißaus zu nehmen und über Vorgänge die Augen zuzudrücken, »gegen die es in Chicago Polizeischutz gibt«, wie dies allzu oft in der deutschen Literatur geschah. Für die Vergewaltigung des Menschen gab es keine Möglichkeit der Entschuldigung. Nicht nur die Kultur, die Menschheit war geschändet. »Der Journalismus, welcher den Raum der Lebenserscheinungen falsch dimensioniert, ahnt nicht, daß die letzte Privatexistenz als Gewaltopfer dem Geist näher steht als alles ruinierte Geistgeschäft.« So schaute er vor allem auf die Kriminalität des Geschehens.

Doch damit ist nur der Hintergrund gegeben. Daß Karl Kraus die Regierung Hitlers eine Diktatur nennt, die »alles beherrscht außer der Sprache«, charakterisiert erst *Die Dritte Walpurgisnacht*. Es ging ihm nicht darum, wie dies etwa Thomas Mann tat, über die Nazis zu schreiben, was doch auch nötig war (weshalb denn Kraus mit dem Satz beginnt: »Mir fällt zu Hitler nichts ein«), sondern darum, von der Sprache her, diesem durch Hitler nie zu erobernden Gebiet, zurückzuschlagen. Die Sprache rächt sich an Hitler, das Zitat verhaftet ihn, die Grammatik wird zur Guillotine. »Die Welt beim Wort zu nehmen« war seit jeher Karl Kraus' Unterfangen, nun nimmt er Hitler beim Wort. Er stellt ihn in die Sprache, wie Shakespeare Mörder in die Szene stellt. Die Dinge werden absurd, indem sie das Medium der Sprache passieren, eine Komödie entsteht, die sich die Tragödie des deutschen Volkes selber schrieb, durch die Sprache wird eine Prognose der Hitlerzeit möglich, der die kommenden Jahre nur noch Quantitatives beifügen konnten.

Das Sprachkunstwerk der *Dritten Walpurgisnacht*, welches, wie alles, was Karl Kraus schrieb, sich von der zeitgenössischen Literatur so sehr unterscheidet, daß die allzu große Beschäftigung mit ihr seinen Genuß fast unmöglich macht, weil es auf eine besondere Art aktive Leser verlangt, erschien erst jetzt, fast zwanzig Jahre später, von Heinrich Fischer im Kösel Verlag München herausgegeben und mit einem meisterhaften Nachwort versehen. Es waren in der Hauptsache zwei Gründe, die Karl Kraus bewogen, das 1933 geschriebene Werk zurückzuhalten, wie er in seiner letzten, nicht minder bedeutenden großen Schrift *Warum die Fackel nicht erscheint* ausführte, und beide umschreiben noch einmal sein Wesen. Er fürchtete, durch seine Schrift Juden zu gefährden, und dann war er sich bewußt, daß sein Werk als Schöpfung der Sprache unübersetzbar bleiben mußte und so, verboten bei den Deutschen und verloren für das Ausland, seine Bedeutung nur darin finden konnte, daß es geschrieben wurde, nicht daß es erschien. So schwieg er denn. »Die ganze unfaßbare Kontrasthaftigkeit des Weltgeschehens offenbart ihnen der Umstand«, sagte er von seinem Publikum, »daß in einer Zeit, wo Adolf Hitler das große Wort führt, Karl Kraus schweigt, der seinerseits darin doch den einzigen Punkt erkennt, wo noch etwas von der Harmonie der Sphären vernehmbar ist ...«

›Stiller‹
Roman von Max Frisch

Fragment einer Kritik
1954

Es darf gesagt werden, glaube ich, daß sich im Gebiet des Romans noch eine Tradition vorhanden findet, die es erlaubt, sichere, nicht stümperhafte Werke abzuliefern. Was Thomas Mann etwa oder Hermann Hesse produzieren, ist, wenn auch vom Abenteuerlichen, Gewagten entfernt, legitim, lobenswert, Vorbild für Nachahmer, die, weil auch sie sich in der Tradition bewegen, nicht eigentlich Nachahmer, sondern Wanderer auf einer gangbaren Straße sind. Dieser Weg, den der Roman nimmt, auf dem es nicht viel Neues, sondern nur viele Novitäten gibt, weist seine Meisterwerke, seine Gesellenstücke und seine Konfektion auf. Er kennt die abseitigen Landschaften Stifters, die Genialität Tolstois und Balzacs; doch wird er hin und wieder von etwas Einmaligem überflutet: *Don Quijote, Tristram Shandy, Gullivers Reisen* etwa oder Proust kommen von Gebieten außerhalb des Romans, aber brechen in ihn ein, erobern ihn.

Vor allem ist, will Kritik geübt werden, zu untersuchen, was denn passiert sei. Das Einmalige ist weder zu vergleichen, da es als das Einmalige unvergleichbar ist, noch historisch einzuordnen oder ins Gewohnte herüberzuretten. Doch setzt die Forderung solcher Kritik voraus, daß das Einmalige auch als solches zu erkennen

sei, Merkmale besitze, die es als das Einmalige charakte-
risieren. Das Einmalige nun beim Roman (in der Kunst
überhaupt) kann nicht im Stoff liegen. Der Roman hat
die Welt zum Gegenstand, bald eine größere, bald eine
kleinere, und jeder Stoff ist ein Teil der Welt – auch der
Mars, wird er erobert, oder erobert er uns. Das Einmalige liegt in der Form. Das Einmalige setzt einmalige Form
voraus, bestimmt von einer besonderen Ausgangslage.
Die einmalige Form ist nicht wählbar, sondern muß
ergriffen werden als das Rettende, das Notwendige. Der
Zauberberg etwa verlangt keine besondere Form, der
Stoff selbst ist ein Roman, um es abgekürzt zu sagen, der
mit bestimmten Regeln zu meistern ist, und das Erstaun-
liche ist die Souveränität, mit der hier erzählt wird. Beim
Einmaligen jedoch wird erst durch die Form das Erzählen, der Stoff möglich: In anderer Form käme nicht ein
schlechter Roman heraus, sondern ein Unding, in unserem Fall ein peinliches Unding. Dem Einmaligen haftet
etwas vom Ei des Kolumbus an: ohne den rettenden
Einfall steht das Ei eben nicht, und kommt der Einfall, ist
alles gerettet, das Schwierige, Unmögliche wird nun
leicht, der Autor betritt einen Raum, in welchem es nur
noch Volltreffer gibt, Fehler treten nur im Sinne des
Zuviels auf, wie bei allen jenen Romanen, die auf einem
rettel dei Eil fall fußel . Wie beim *Don Quijote* eben, wie
bei *Gullivers Reisen.*

Ist jedoch das Einmalige aus einer besonderen Ausgangslage heraus notwendig erstanden, so ist es für die
Kritik unmöglich, den Grund zu übergehen und das
Werk an sich, abgelöst von diesem Grunde zu betrachten, als philosophische Konzeption etwa oder als sprach-
liches Dokument zu nehmen, wie es die Literaturwissen-

schaft heute so oft tut, ist doch gerade das, weshalb es zu diesem Dokument kam, das Entscheidende. Der Grund jedoch ist beim Autor zu suchen. Er steht als Täter fest. Was nun Frisch betrifft, so fällt bei ihm die Neigung auf (die er mit anderen teilt), nehmen wir ihn im Ganzen, daß er sein Persönliches, sein Privates nicht in der Kunst fallen läßt, daß er sich nicht überspringt, daß es ihm um sein Problem geht, nicht um ein Problem an sich. Er ist in seine Kunst verwickelt. Frisch ist einer jener Schriftsteller, die sich hartnäckig weigern, rein zu dichten, was viele um so mehr ärgert, als dieser Autor offensichtlich reiner und besser dichten könnte als jene, die es heute tun. Auch *Stiller* hebt sich da nicht von Frischs andern Werken ab, nicht von seinen Tagebüchern, nicht von seinen Dramen. Er ist nur ein Schritt weiter, doch nicht von der Gefahr, von der Neigung weg, sich selbst zu meinen, sondern auf sie hin, mitten in sie hinein. Das künstlerische Problem, das sich Frisch im *Stiller* aufgab, wäre, wie man aus sich selber eine Gestalt, einen Roman mache; doch gibt es dieses Problem nur als etwas Nachträgliches, als eine Arbeitshypothese der Kritik. Kunst machen ist nicht mit der Lösung eines Schachproblems verwandt. Für Frisch stellte sich dieses Problem als eine existentielle Zwangslage: einerseits nicht von sich loszukommen, andererseits ohne zu gestalten, ohne sich darzustellen, nicht leben zu können. Persönliche Ehrlichkeit und künstlerische Notwendigkeit standen sich gegenüber.

Schachtheoretisch gesehen – anders kann die Kritik nie sehen – läßt sich das Problem, in das ich so die Zwangslage, das Existentielle verwandle, wohl darstellen. Das rücksichtslose Unternehmen, sich selbst darzustellen, sich selbst zu meinen, ließe sich ehrlicherweise nur in der Form einer Konfession, einer Beichte wagen, bezogen auf den überpersönlichen Hintergrund der Religion, die das Private aufhebt, wie dies bei Augustin, bei Kierkegaard der Fall ist; fällt jedoch dieser Hintergrund fort wie bei Frisch, ist die Beichte nicht mehr als Buch denkbar, von dem noch Tantièmen zu beziehen wären; was man etwa einem Freunde gesteht, ist nicht einer Leserschaft mitzuteilen, will man nicht der Peinlichkeit verfallen. Am absurdesten scheint es jedoch, aus einer Selbstdarstellung einen Roman machen zu wollen, das zu tun, was Frisch unternimmt.

Gesetzt nämlich, er unternähme es, innerhalb der Tradition des Romanschreibens zu bleiben und sich mit ihren Mitteln auszudrücken, wie ginge er nun vor? Er würde sich vielleicht, könnte ich mir denken, einen wohlmeinenden Freund ersinnen, einen Staatsanwalt etwa, der das Leben des Schriftstellers Max Frisch erzählen würde nach Art der wohlmeinenden Freunde, Historiker oder Mönche, die anderswo die Geschicke der Romanhelden berichten; er würde diesen Max Frisch etwas verändern, ihm einen andern Namen, sagen wir eben Anatol Ludwig Stiller, geben, ihn auch Bildhauer sein lassen, überhaupt so frei als nur irgend möglich mit sich umgehen, um nicht in die Nähe eines Schlüsselromans zu geraten. Dies alles wäre schön und gut, und sicher, da Frisch ja erzählen kann und Sprache besitzt wie wenige heute, eine schöne und, wie die Kritik wohl schreiben würde, reife Leistung, die hoffen ließe, endlich, endlich komme das reine Dichten. Und doch eben darum, weil Frisch mit Stiller nicht irgendwen, sondern sich selbst meint, peinlich. Der Roman braucht eine Gestalt. Frisch müßte sich zusätzlich Schicksal andichten, zusätzliche Lösungen anstreben, seine Frau etwa sterben und sich erstarren lassen, über sein Leben hinausgehen, wollte er sich als Roman, sich selbst eine Gestalt geben, die man als das Ich, als sich selber nie ist: Gestalt ist man nur von außen, vom andern her, in welches sich Frisch verwandeln müßte; doch damit, daß dieses Zusätzliche hinzukäme, würde auch die Wahrhaftigkeit in Frage gestellt, die doch hinter jeder Selbstdarstellung stehen sollte. Er würde sich meinen und wieder nicht sich, eine Identität ständig leugnen, die nicht aufzuheben wäre. Dazu käme, wenn auch wider Willen, das Selbstmitleid hinein, das etwa auch den letzten Chaplin-Film so ungenießbar macht. In Form des Romans ist eben keine Selbstdarstellung, kein Aufklären seiner eigenen Situation möglich, nicht einmal ein Selbstgericht, wie so viele auf Grund des Märchens meinen, das uns die Literaturwissenschaft erzählt. Auch daß nur wenige wüßten, daß sich Frisch mit Stiller selber meinen würde, könnte daran nichts ändern – ein Roman wird nicht auf die Hoffnung hin möglich, es komme niemand dahinter –, kurz, Frisch würde das tun, was er in seinem Nachwort des Staatsanwalts ein wenig getan hat, nicht ganz siebzig Seiten lang, die nur darum nicht ganz verunglücken, weil sie im Schatten des Gelungenen, Einmaligen stehen, ein nachträgliches und nebensächliches Entgleisen, eine Stilübung innerhalb der Tradition, die aber wieder bei vielen und gerade bei der schweizerischen Kritik den Roman offenbar rettet, indem man ihn dort für wichtig ansieht, wo er nicht wichtig ist, um das zu übersehen, was gesehen werden sollte.

Sind so die Schwierigkeiten angedeutet, denen sich Frisch gegenübersah – nur äußere Schwierigkeiten, über die noch berichtet werden kann, nur Schachprobleme eben, die auf die wahren Schwierigkeiten des Schreibens hinweisen, die nicht immer *im*, sondern oft, öfter vielleicht, *vor* dem Schreiben liegen, im Weg, der zurückgelegt werden muß, um das Geschütz in eine Stellung zu bringen, von der aus Treffer möglich, zwangsläufig werden –, ist so der Autor umstellt von lauter Unmöglichkeiten des Schreibens, scheint ihm jede Freiheit genommen, durch den Roman (das ist ja das Problem) sich selbst darzustellen, sich selbst nicht zu fliehen, sich zu meinen und nur sich, so ist nun zu zeigen, was Frisch tat; der Schritt ist darzustellen, durch den er die Freiheit gewann, durch den der Roman möglich wurde; die Form ist aufzuweisen, durch welche die Möglichkeit auftauchte, wohl blitzartig, aus sich selbst einen Roman zu machen. Denn in der Kunst spielen sich die Dinge umgekehrt ab wie in der Kritik, um noch einmal diesen Unterschied zu machen. In der Kunst kommt die Lösung vor dem Problem; die Kritik kann nur stutzen, sich wundern, daß auf einmal ein Roman möglich ist, wo doch keiner möglich sein könnte, wie wir eben ausführten, und nun die Gründe suchen – erfinden, wie ich vielleicht genauer sage –, die diese kritisch widersinnige Tatsache, daß nun eben doch einer möglich war, erklären. Eine solche Erklärung ist dann eben, daß Frisch eine einmalige Form gefunden habe, die den Roman ermögliche, womit sich die Kritik, und zwar legitim, wieder einmal am eigenen Schopf auf sicheren Boden gezogen hat.

Von der Form her nun betrachtet, ist der Roman *Stiller* ein Tagebuch, ein scheinbar hastig, oft scheinbar überstürzt geschriebenes, doch nicht jenes eines Bildhauers namens Stiller, mit dem sich Frisch selber meint, sondern

eines Herrn James Larkin White aus New Mexiko, der
auf der Durchreise in der Schweiz verhaftet und nach
Zürich gebracht wird unter dem Verdacht, er sei der
verschollene Bildhauer Anatol Ludwig Stiller-Tschudy
(gegen den wiederum ein Verdacht besteht, in eine Spio-
nageaffäre zugunsten Rußlands verwickelt zu sein), und
der Grund, weshalb dieses Tagebuch geschrieben wird,
ist einfach der, daß James White damit beweisen möchte,
nicht Stiller zu sein. Dies alles muß ich mit einschließen,
will ich von der Form dieses Buches reden, Form ist
immer ein sehr komplexes Gebilde. Die Form ist hier die
eines fingierten Tagebuches einer fingierten Persönlichkeit, die damit die Behauptung aufrechterhalten will, sie
sei nicht eine andere (und es ist, kritisch, theoretisch
gesehen, etwas schade, daß Frisch gegen Schluß des
Buches diese Behauptung, von der wir ahnen, sie sei nur
eine Fiktion, die immer schwerer zu glauben ist, widerlegt, durch das Nachwort eben, und so die Form zu
verwischen droht, indem er sie aufhebt. Auch halte ich es
für falsch, diese Form zu begründen, wie es Frisch mit
seinem ›Engel‹ versucht). Diese Form ist nun freilich ein
glänzender Einfall, doch, und dies ist die nächste Frage,
die ich zu stellen habe, ist sie auch zwangsläufig, notwendig, und so erst etwas Einmaliges, so erst eine wirkliche
Form, zu der eben die Notwendigkeit gehört? Dies zu
entscheiden, habe ich die festgestellte Form mit der Problematik zu konfrontieren, die wir entwickelt haben.
Denn nur wenn die vorhandene Form der Problematik
nicht aus dem Wege geht, sondern sie enthält, sie zu
Kunst umformt, ist sie eine wirkliche, nicht zufällige
Form.

Die vorhandene Form spiegelt genau die Problematik

wider, stellt sich nun heraus. Das Problem war, und es zeigte sich in immer neuen Aspekten: Wie macht man aus sich selber einen Roman? Und einer der Aspekte: Wie kann ich zwar die Identität leugnen, ohne sie aber aufzuheben? Genau dies ist die Form: White ist die geleugnete Identität mit dem nicht aufgehobenen Stiller. Weiter: Problematik, Form und Handlung sind hier eins. Die Handlung des Buches, der Prozeß gegen White, ist das ständige Behaupten Whites, er sei nicht Stiller, und das ständige Behaupten der Welt (der Behörden, des Staatsanwalts, des Verteidigers, der Frau Julika usw.), er sei Stiller. Damit wird die Freiheit gewonnen, sich selbst darzustellen, auch wenn sie eine komödiantische, eine Narrenfreiheit ist. Das Ich wird eine Behauptung der Welt, der man eine Gegenbehauptung, ein Nicht-Ich entgegenstellt. Anders gesagt: an Stelle des Ichs tritt ein fingiertes Ich, und das Ich wird ein Objekt. Romantechnisch gesehen: das Ich wird ein Kriminalfall. Einfacher ausgedrückt: Frisch hat sich durch diese Form, die gleichzeitig Handlung, gleichzeitig die Problematik selbst ist, in einen andern verwandelt, der nun erzählt, nicht von Stiller zuerst, sondern von sich, von White eben, für den Stiller der andere ist, für den er sich nun zu interessieren beginnt und dem er nachforscht, weil man doch ständig behauptet, er sei mit ihm identisch. Gerade durch diese Romanform wird so Selbstdarstellung möglich, gesetzt – und das ist nun wichtig, entscheidend –, der Leser mache auch mit, spiele mit. Ohne Mitmachen ist der *Stiller* weder zu lesen noch zu begreifen. Dies gilt aber auch von der Kritik: Gerade sie hat da mitzumachen, innerhalb der Spielregeln zu bleiben, anzunehmen. Eine Kritik außerhalb dieses Spiels ist für die Kunst

verloren und spielt sich in den hermetisch abgeschlosse-
nen Räumen ab, deren Türen niemand einzurennen vermag, aus dem einfachen Grunde, weil keine vorhanden
sind.

Nach dieser vielleicht nicht immer ganz leichten Untersuchung ist die Möglichkeit gegeben, den Roman im
richtigen Sinne zu lesen, in der Richtung seiner Form. Es
ergeben sich verschiedene Ebenen, spielen wir mit, nicht
gedankenlos, gewiß, im Bewußtsein eben, daß wir mit-
spielen, daß alles notwendige Spielregeln sind, die wir
freiwillig annehmen.

Da wäre der Schreibende, James Larkin White, dem
der Prozeß gemacht wird, Stiller zu sein, und der am
Schluß verurteilt wird, es zu sein. Er schreibt, das Gegenteil zu beweisen, in die Hefte, die ihm der Verteidiger
bringt, und der Leser liest über die Schultern des Verteidigers mit, schüttelt wohl auch manchmal wie dieser
biedere Schweizer den Kopf. Zwar kann der Verteidiger
mit diesen Heften nicht gerade viel anfangen, er ist ein
Durchschnittsdenker, doch White, einmal ins Schreiben
gekommen, wird im Gefängnis unfreiwillig zuerst und
dann freiwillig zum Schriftsteller, wie ja andere auch.
Seine Schriftstellerei, soweit wir das aus diesem einzigen
Dokument beurteilen können, ist teils glaubwürdig, teils
das Gegenteil und vom Durchschnittskritiker her gesehen hoffnungslos ichbezogen, immun gegen jeden ge-
sunden Menschenverstand, sogar die Werte will er erst
glauben, wenn er sie sieht. Auch der Whisky spielt eine
etwas große Rolle, als ob es nicht auch gute Schweizer
Weine gäbe. Er hat etwas von einem kulturlosen Einwoh-
ner der USA. Einerseits berichtet er von seinem Leben,
andererseits schreibt er getreulich nieder, was ihm im Ge-

fängnis zustößt, und drittens bemüht er sich, begreiflicherweise, über den verschollenen Stiller klar zu werden. Gehen wir gleich zu den unglaubwürdigen Seiten seiner Schriftstellerei über, wir müssen hier zugeben: zu der Darstellung seiner selbst.

Das einzige, was daran (in Hinsicht auf den Beweis, den er liefern will) überzeugt, ist eigentlich die Schilderung der Orte, an denen er gewesen ist. Mexiko, die Wüste, New York, eine Tropfsteinhöhle, Kalifornien, und hier erweist sich dieser Amerikaner (deutscher Abstammung) als Schriftsteller allerbesten Formats. Er erzählt ganz und gar uneuropäisch, oder doch so, wie es die Europäer vielleicht einmal gekonnt haben. Die heutigen Europäer meinen immer etwas anderes, wenn sie von einer Landschaft berichten, bald Seele, bald Mythologie, bald Philosophie, bald Patriotismus und Heimatkunde, während White die Landschaft darstellt, als käme er gerade vom Mars und sähe diese Landschaft zum ersten Mal, als die Landschaften eines Planeten. Es sind Gemälde von großer Schönheit, von großer Sprache. Sogar eine Zürcher Landschaft so zu sehen gelingt ihm, eine Landschaft, die doch literarisch belastet ist, von unzähligen Autoren beschrieben, bedichtet, eine Kühnheit, zu der nun wirklich offenbar nur ein Amerikaner fähig sein kann, die aber auch den einzigen Beweis abgibt, John Larkin White sei wirklich John Larkin White.

Denn da steht nun auch die Schilderung seiner Schicksale. Die Schilderung der verschiedenen Orte allein genügt ja nicht, seine Existenz als White zu beweisen, er hätte ja auch dorthin gereist sein können. Sind diese Schicksale vom Spiele, von der Form aus gesehen, wo wir wissen, wo wir White fingieren, von bezaubernder Iro-

nie, so sind sie von White her gesehen, von seinem
Beweise her verunglückte Schriftstellerei, billiges Kino
(daß ausgerechnet in einer Tabakplantage ein Vulkan
ausbricht, glaube wer will!), Flunkereien, Märchen offenbar, ganz wie diese Isidor- und diese Rip van Winkle-
Geschichte, Schauerhandlungen, die niemanden außer
seinen Wärter Knobel überzeugen, den aber in die höch-
ste Seligkeit stürzen, sitzt er doch endlich einem richtigen
Verbrecher gegenüber, einem ganz unschweizerischen
Verbrecher, der nicht nur einen jämmerlichen Mord auf
dem Gewissen hat, wie es sich hierzulande bisweilen
ereignet, oder deren zwei, wenn es hoch kommt, sondern, amerikanisch, großzügig, gleich deren fünf (die zu
beschreiben freilich Whites Phantasie nicht ganz aus-
reicht). Donnerwetter! Wärter Knobels Beruf beginnt
interessant zu werden, und wie sich leider mehr und
mehr herausstellt, daß White doch nicht ein fünffacher
Mörder ist, sondern eben Stiller, ein Landsmann, ein
Zürcher gar, schrumpft Knobel zusammen, um jede Romantik betrogen, ein enttäuschter Mann. Begreiflich: Ist
es doch der Traum jedes anständigen Wärters, einmal ein
richtiges Raubtier zu bewachen und nicht nur Kaninchen
und Schafe. Sehen wir jedoch die übermütigen Geschichten mit der Problematik zusammen, so erweist sich dieses
Umschlagen in komödiantische Handlung, dieses
Schwanken teils ins Billige, teils in das Unheimliche der
Florence-Affäre etwa als das zusätzliche Schicksal, das
der Selbstroman braucht, welches nun als Witz, als Flos-
kel an wirklich Erlebtem erscheint.

Kommen wir nun zu einer der vergnüglichsten, aber
auch wichtigsten Seiten dieses erstaunlichen Romans, zu
seiner politischen Seite: Whites Urteil über die Schweiz,

seine Schilderung des Landes, das ihn gefangen hält; ein Urteil, der Fremdenverkehrssituation fern, von der aus sonst Urteile über die Schweiz abgegeben werden. Um es gleich zu sagen: Das Gefängnis kommt gut davon, und das ist schließlich auch ein Lob seines Gastlandes, und ein nicht unwichtiges. Das Gefängnis ist in Ordnung. Was jedoch die Welt außerhalb betrifft, die Nicht-Gefängnis-Welt, berühmt durch ihre Freiheit, die White hin und wieder zu Konfrontationszwecken oder ähnlichem besuchen darf ...

Schriftstellerei als Beruf

1956

Schriftstellerei: Von allen Fragen, die sich bei meiner Tätigkeit einstellen, hat mich die, ob ich ein Schriftsteller oder ein Dichter sei, am wenigsten interessiert. Ich habe mich von vorneherein entschieden, nur ein Schriftsteller sein zu wollen. Ein Dichter ist zwar etwas Schönes, wer wäre nicht gern einer, doch ist der Begriff so konfus und unbestimmt geworden, daß er sich nur noch in geschlossenen Zirkeln mit einheitlicher Meinung über gewisse Schriftsteller anwenden läßt, nicht öffentlich, nicht sachlich, nicht als Berufsbezeichnung. Die Konfusion entsteht dadurch, daß in Fachkreisen eben zwischen Dichtern und Schriftstellern unterschieden wird, wobei gerade diese Trennung öfters die Gefahr in sich birgt, schlechte Schriftsteller als Dichter auszugeben, für die dann die Definition zutrifft, daß sie zwar dichten, aber nicht schreiben können, eine in der deutschsprachigen Literatur nicht allzu seltene Erscheinung.

Beruf: Dieses Wort sei hier in einem praktischen Sinne genommen zur Bezeichnung einer Tätigkeit, durch die versucht wird, Geld zu verdienen. Amtlicherseits teilt man denn auch die Schriftstellerei den freien Berufen zu, wobei ausgedrückt wird, daß der Schriftsteller als freier Mann einen Beruf gewählt hat, für dessen Rentabilität er selber verantwortlich ist. Bei dieser Feststellung wird wohl mancher Schriftsteller stutzen müssen. Probleme stellen sich. Einen Beruf haben bedeutet innerhalb der Gesellschaft eine gewisse Funktion ausüben, wie nun diese Funktion sei, wird er sich fragen, sich überlegen müssen, ob überhaupt eine wirkliche Funktion da sei und nicht nur eine fingierte, auch wird er zu untersuchen haben, ob sich noch ein Bedürfnis nach den Produkten seines Berufs melde, oder ob er nicht besser täte, sein Unternehmen als sinnlos zu liquidieren. In der Öffentlichkeit jedenfalls scheint die Überzeugung vorherrschend zu sein, daß es die Schriftstellerei als seriösen Beruf gar nicht geben könne, weil sie keine ganz anständige Voll-, sondern höchstens eine angenehme und leicht spleenige Nebenbeschäftigung sei. Die Künstler sind nun einmal in der Schweiz immer noch etwas Dubioses, Lebensuntüchtiges und Trinkgeldbedürftiges, wohnhaft in jenem stillen Kämmerlein, das bei jeder offiziellen Dichterehrung vorkommt. Doch gibt es bestimmte Gründe, die zu dieser Einstellung geführt haben, so die Tatsache, daß sich Gottfried Keller in bejammernswerter Weise gezwungen sah, zürcherischer Staatsschreiber zu werden, um existieren zu können, und der Umstand, daß Gotthelf Frühaufsteher war – wohl die schweizerischste und fürchterlichste aller Tugenden –, so daß er neben seinem Beruf als Schriftsteller unkollegialerweise noch den eines Pfarrers auszuüben vermochte.

Marktlage: Wer eine Ware verkaufen will, muß den Markt studieren. Auch der Schriftsteller. Der Schweizer verträgt an sich in dem, was er treibt, keinen Spaß, alles gerät ihm leicht ins Feierliche, Biedere, und so versteht er denn auch in der Kunst gar keinen: Die Musen haben bei ihm nichts zu lachen, sondern seiner Forderung nach solider Qualität zu entsprechen und ewig zu halten. Wer im schweizerischen Alltag steckt, braucht seine Ordnung, die Ideale nimmt er zwar im Schein der Leselampe gern zur Kenntnis, im Amt oder im Geschäft jedoch kommen sie ihm nicht ganz zu Unrecht deplaziert vor; Kunst und Wirklichkeit sind getrennt, jene darf diese verschönern, doch nicht untergraben, je unethischer es in der Realität zugeht, desto ethischer und positiver soll es in der Kunst zugehen (nicht nur das russische Politbüro fordert positive Helden), die Welt soll wenigstens beim Schriftsteller stimmen, der Geist soll den Konsumenten bestätigen, rühmen, nicht beunruhigen, er soll ein Genußmittel darstellen, nicht eine Schikane: Die Literatur des Positiven, die man sich wünscht, ist nun gewiß nebenamtlich zu leisten, im stillen Kämmerlein eben, und so wirkt denn auch in der Öffentlichkeit die Frage nach dem Beruf des Schriftstellers beinah genierlich, nur die Frage nach der Berufung stellt sich, die natürlich *auch* möglich und wichtig ist, die ich aber hier ausklammern möchte. Denn wer nach dem Berufe des Schriftstellers fragt, stellt eine präzise Frage an die Wirklichkeit.

Freiheit: Da man für unsere Gesellschaftsordnung die Freiheit in Anspruch nimmt, hat man sich auch angewöhnt, von der Freiheit des Schriftstellers zu reden, allgemein wird erleichtert festgestellt, der westliche Schriftsteller sei frei, der östliche dagegen ein Sklave, der zwar gut bezahlt werde, doch nicht schreiben dürfe, was er wolle. Die Freiheit des Geistes ist das Hauptargument gegen den Kommunismus geworden, ein nicht unbedenkliches: Wer nur ein geringes die Entwicklung der Dinge verfolgt, sieht leicht, daß die Russen mehr für den

Geist tun als wir, und sei es nur, daß sie sich vorerst mehr um die Volksbildung und um die Wissenschaft bemühen, daß sie hungriger sind als wir: Sie mästen geradezu einen Geist in Ketten, wobei sich die Frage stellt, wie lange die Ketten halten.

Grundbedingung: Wenn wir das Problem der Schriftstellerei als Beruf aufwerfen, haben wir zu untersuchen, wie es denn mit der Freiheit des Schriftstellers in unserer schweizerischen Wirklichkeit bestellt sei. Soll die Schriftstellerei einen freien Beruf darstellen, so muß der Schriftsteller ehrlicherweise in der Gesellschaft einen freien Geschäftspartner erblicken, den er mit keiner Verpflichtung behaften darf, seine Werke zu akzeptieren, denn eine Verpflichtung der Gesellschaft ihm gegenüber könnte nur eintreten, wenn auch er sich der Gesellschaft gegenüber verpflichtet hätte: Die Schriftstellerei wäre jedoch in diesem Falle kein freier Beruf mehr, sondern ein Amt. Nimmt man daher unsere Freiheit ernst, so ist gerade der Schriftsteller der Freiheit zuliebe verpflichtet, der Gesellschaft gegenüber unverpflichtet, kritisch aufzutreten, während die Gesellschaft, will sie frei sein, zwar verpflichtet ist, die grundsätzlich freie Position des Schriftstellers als dessen Grundbedingung zu respektieren, doch nicht verpflichtet werden kann, die Rentabilität seiner Schriftstellerei als Beruf zu garantieren.

Der Konflikt: Als Beruf ist die Schriftstellerei eine ungemütliche Sache. Nicht nur für den Schriftsteller. Auch für die Gesellschaft. Die Freiheit, auf die man sich gerne beruft, wird von der Frage abhängig gemacht, die man gerne verschweigt, ob man sich denn auch diese

Freiheit leisten könne. Der Schriftsteller ist zwar frei, aber muß um seine Freiheit kämpfen. Der Kampf spielt sich auf einer wirtschaftlichen Ebene ab. Auch der Geist kostet. Er unterliegt dem Gesetz von Angebot und Nachfrage: ein auf der Ebene des Geistes grausamer Satz.

Auf die Schweiz bezogen: In der Regel vermag es sich hier ein Schriftsteller nicht zu leisten, nur seinen Beruf auszuüben, die Nachfrage ist durch die Kleinheit und Viersprachigkeit des Landes zu gering; hat der Schriftsteller jedoch Erfolg, so lebt er zur Hauptsache vom Ausland. Dieser geschäftliche Umstand gibt zu denken, der schweizerische Schriftsteller ist mehr denn ein anderer zum Erfolg gezwungen, will er seinen Beruf frei ausüben, er ist aufs Ausland angewiesen, die Schweiz ist zwar sein Arbeitsplatz, doch nicht sein Absatzgebiet: In unserem Lande ist die Schriftstellerei als Beruf nur als Exportgeschäft möglich. Diese Tatsache erklärt das Mißtrauen, das dem Exportschriftsteller entgegengebracht wird. Der Schweizer wird durch die Exportschriftstellerei an die Weltöffentlichkeit gebracht, und gerade das möchte der Schweizer nicht, er möchte das idealisierte Wesen bleiben, in welches ihn der Heimatschriftsteller meistens verwandelt, als welches er aber für die Welt unglaubwürdig geworden ist.

Aufs Allgemeine bezogen: Die Schriftstellerei wird erst durch den Erfolg als freier Beruf möglich; der Erfolg sagt jedoch nichts über den Wert einer Schriftstellerei aus, er deutet allein darauf hin, daß der Schriftsteller eine Ware herstellt, die sich verkaufen läßt: Daß dieser Umstand nicht befriedigt, sei zugegeben, doch ist er immer noch der einzig mögliche: Die Schriftstellerei als freier Beruf bleibt zwar ein Wagnis mit ungerechtem Ausgang für viele (und ohne Instanz, die Klage vorzubringen). Wirklich demoralisierend ist die Lage des Schriftstellers jedoch erst, wenn sich der Staat einmischt: An Stelle des wirtschaftlichen tritt der Kampf um die Position innerhalb des staatlichen Schriftstellerverbandes. Doch sind für den freien Schriftsteller Milderungen eingetreten. Nicht nur durch die Hochkonjunktur. Auch durch neue Kunden. Der westdeutsche Rundfunk und das westdeutsche Fernsehen etwa sind nicht zufällig für die Schriftsteller oft lebenswichtig, diese Anstalten brauchen einfach Stücke (auch hier ist die Schweiz nicht konkurrenzfähig). Überhaupt tut es dem Schriftsteller gut, sich nach dem Markte zu richten. Er lernt so schreiben, listig schreiben, das Seine unter auferlegten Bedingungen zu treiben. Geldverdienen ist ein schriftstellerisches Stimulans.

Trost: Daß der Mensch unterhalten sein will, ist noch immer für den Menschen der stärkste Antrieb, sich mit den Produkten der Schriftstellerei zu beschäftigen. Indem sie den menschlichen Unterhaltungstrieb einkalkulieren, schreiben gerade große Schriftsteller oft amüsant, sie verstehen ihr Geschäft.

Vom Sinn der Dichtung
in unserer Zeit

1956

Über den Sinn der Dichtung in unserer Zeit ist nicht eben leicht etwas Sinnvolles zu sagen, so schwierig jedenfalls, daß ich mir nicht zutraue, dieses Thema allein zu bewältigen. Was ich zu liefern imstande bin, sind Gedanken zum vorgeschlagenen Thema, Hinweise, in welcher Richtung im Urwalde und Dickicht des heutigen denkerischen Durcheinanders wir möglicherweise zu suchen haben, wenn wir einige Lichtungen finden wollen. Ich will freimütig meine Gedanken äußern, nicht ganz zu Ende formuliert; ich tue es allein aus dem Grunde, weil man mich als einen Schriftsteller, einen Komödienschreiber fragt, und nicht, weil ich ihnen einen mehr als persönlichen Wert beimesse. Das ist auch ganz in Ordnung. Im Symposium ließ Plato neben Sokrates auch Aristophanes zu Wort kommen. Ich lehne es deshalb ab, als Denker aufzutreten; als Dilettant in dieser Tätigkeit kann ich mich jedoch auch unbekümmerter äußern, als wenn ich zur Zunft gehörte, und das mag manchmal auch sein Gutes haben. Ich gehe von einigen trockenen Begriffen aus, doch oft sagt man das Wichtige besser, indem man es ausklammert.

Nun, ich will gleich zu Beginn gestehen, daß ich mit dem Thema auch sonst Mühe habe. Ich liebe es nicht, vom Sinn der Dichtung zu reden. Ich schreibe, weil ich nun einmal den Trieb dazu habe, weil ich es liebe,

Geschichten zu erzählen, ohne mich bemüßigt zu fühlen, bei der Auflösung der Welträtsel dabei zu sein. Das alles verlangt eine Erklärung.

Unser Denken, scheint mir, ist immer mehr und zwangsläufiger aus der Domäne des Wortes herausgetreten und mathematisch abstrakt geworden, wenigstens was die exakte Wissenschaft angeht. Gewiß, Physik und Mathematik sind nicht ein und dasselbe. Weite Teile der Mathematik haben überhaupt nur einen Sinn innerhalb der Mathematik, doch stellt die Physik die Natur durch die Mathematik dar, sie ist sowohl ihr Ausdrucksmittel als auch ihre Denkmethode. Natürlich kann ich eine mathematische oder physikalische Formel auch durch die Sprache wiedergeben, doch wird damit die Sprache zu umständlich und verliert so ihre wichtigste Bestimmung, die der Unmittelbarkeit nämlich. Für den Mathematiker dagegen wird sie unhandlich, weshalb er sie durch Chiffren und Zeichen abkürzt und übersichtlich macht, um mit ihr mathematisch hantieren zu können. Die Mathematik wird eine Sprache für Eingeweihte, zu einer ›säkularisierten‹ Sprache gleichsam, von makelloser Klarheit nur für die Wissenden, ihr Inhalt ist nur sie selber, die Beziehungen ihrer Begriffe zueinander (das alles nur sehr allgemein gesprochen).

In der Physik nun gewinnt die Mathematik einen bestimmten Inhalt, der außer ihr liegt (in der Physik eben), doch nur insoweit, als die Physik die Mathematik braucht. Da aber die Mathematik das Bild nicht benötigt, an sich sein kann als ein Operieren mit reinen Gedankendingen, anderseits eine sichere, immanente Logik besitzt, ist nun auch die Physik der Genauigkeit des Denkens zuliebe immer mehr, verstehe ich ihre neueren

Tendenzen richtig, dazu übergegangen, ebenfalls die Anschauung, das Bild, das Modell endlich, fallen zu lassen. Sie stellt die Verhaltensweisen der Natur nicht nur mathematisch dar, sie versteht sie auch mathematisch. Ein mehrdimensionaler Raum, aber auch ein Atom, ist ein sinnlicher, doch nicht ein mathematischer Unsinn.

Diese Tendenz, gegen die Sinne zu verstoßen, hat Goethe schon getadelt. Er versuchte mit seiner Farbenlehre, die Physik von der Mathematik zu lösen, vergeblich, wir wissen es. Nun tröstet man sich im allgemeinen damit, daß dieser Weg aus der Sprache heraus in die Begriffswelt der Mathematik nur im naturwissenschaftlichen Denken stattfinde, jedoch nicht in der Philosophie oder in den sogenannten Geisteswissenschaften, die sich immer noch in der Domäne des Wortes aufhalten. Doch möchte ich hier einmal den Verdacht anmelden, ob nicht die Form der heutigen Philosophie die Naturwissenschaft sei, ob wir uns nicht einer Täuschung hingeben, wenn wir glauben, immer noch die alte Philosophie des Worts in irgendeiner Form aufrechterhalten zu können, ob es nicht einfach so sei, daß wir bei Einstein oder Heisenberg die Ansätze einer neuen Philosophie finden und nicht bei Heidegger. Wir haben uns zu sehr angewöhnt, die Resultate der Naturwissenschaften als nebensächlich zu betrachten, als Nachricht über eine ungeistige oder mechanische Welt. Vielleicht müssen wir bescheiden werden. Vielleicht ist durch exaktes, ehrliches Denken über die Welt wirklich nichts anderes auszumachen als einige wenige Einblicke in die Funktionen einer ewig geheimnisvollen Urkraft, und der Rest wäre für den Philosophen Schweigen. Vielleicht ist das Weltbild der Physik nur ein sehr genauer Ausdruck dessen, wie wenig wir wissen. Vielleicht ist die Philosophie eben nichts Berauschendes, sondern etwas maßlos Nüchternes, dem wir gar nicht den Titel ›Philosophie‹ zuzuerkennen wagen, weil wir angesichts einer philosophisch erkannten Wirklichkeit entweder in Verzückung oder in Verzweiflung zu fallen lieben, aber nie in Gähnen – und das tun ja bei der Physik die meisten! Wichtig ist aber noch etwas anderes.

Die Physik, die Naturwissenschaft ist durch ihre notwendige Verbindung mit der Mathematik weitgehend dem Verständnis des Nichtphysikers entrückt, d. h. dem Verständnis der überwiegenden Anzahl der Menschen. Das wäre nicht schwerwiegend, wenn die Naturwissenschaften in sich abgeschlossen, ohne Wirkung nach außen blieben. Das aber ist nun keineswegs der Fall. Im Gegenteil, sie schleudern immer neue Möglichkeiten in die Welt, Radar, Fernsehen, Heilmittel, Transportmittel, elektronische Gehirne usw. Der Mensch sieht sich immer gewaltiger von Dingen umstellt, die er zwar handhabt, aber nicht mehr begreift. Dazu kommt, daß der Friede vorläufig nur deshalb besteht, weil es Wasserstoff- und Atombomben gibt, die für den unermeßlich größten Teil der durch sie bedrohten wie auch bewahrten Menschheit vollends unverständlich sind. Die Technik, können wir mit einer gewissen Vorsicht sagen, ist das sichtbar, bildhaft gewordene Denken unserer Zeit. Sie steht zur Physik ähnlich wie die Kunst zur Religion des alten Ägypten, die nur noch von einer Priesterkaste verstanden wurde.

Dazu kommt noch ein weiterer Umstand. Die Menschheit ist, um einen Ausdruck der Physik anzuwenden, aus dem Bereich der kleinen Zahlen in jenen der großen Zahlen getreten. So wie in den Strukturen, die

unermeßlich viele Atome umschließen, andere Naturgesetze herrschen als im Innern eines Atoms, so ändert sich
die Verhaltensweise der Menschen, wenn sie aus den relativ
übersichtlichen und, was die Zahl ihrer Bevölkerung
betrifft, kleineren Verbänden der alten Welt in die immen-
sen Großreiche unserer Epoche geraten. Wir sehen uns
heute Staatsorganisationen gegenüber, von denen die Behauptung, sie seien Vaterländer, nur noch mit Vorsicht
aufzunehmen ist. Ebenso bemüht sich die heutige Politik
oft, Ideen aufrechtzuerhalten, die der staatlichen Wirklichkeit nicht mehr entsprechen: Daher das allgemeine Gefühl,
einem boshaften, unpersönlichen, abstrakten Staatsunge-
heuer gegenüberzustehen. Politik im alten Sinne ist kaum
mehr möglich. Wir brauchen eine technische Bewältigung
von technischen Räumen, vor allem eine neue, genaue
Unterscheidung von dem, was des Kaisers, von dem, was
Gottes ist, von jenen Bezirken, in denen Freiheit möglich,
und jenen, in denen sie unmöglich ist. Die Welt, in der wir
leben, ist nicht so sehr in eine Krise der Erkenntnis
gekommen, sondern in eine Krise der Verwirklichung ihrer
Erkenntnisse. Sie ist ohne Gegenwart, entweder zu sehr der
Vergangenheit verhaftet oder einer utopischen Zukunft
verfallen. Der Mensch lebt heute in einer Welt, die er
weniger kennt, als wir das annehmen. Er hat das Bild
verloren und ist den Bildern verfallen. Daß man heute unser
Zeitalter eines der Bilder nennt, hat seinen Grund darin,
daß es in Wahrheit eines der Abstraktion geworden ist. Der
Mensch versteht nicht, was gespielt wird, er kommt sich als
ein Spielball der Mächte vor, das Weltgeschehen erscheint
ihm zu gewaltig, als daß er noch mitbestimmen könnte; was
gesagt wird, ist ihm fremd, die Welt ist ihm fremd. Er spürt,
daß ein Weltbild errichtet wurde, das nur noch dem

Wissenschaftler verständlich ist, und er fällt den Massen-
artikeln von gängigen Weltanschauungen und Weltbil-
dern zum Opfer, die auf den Markt geworfen werden
und an jeder Straßenecke zu haben sind.

Das ist die Zeit, in der auch der Schriftsteller lebt. Er
ist ebenfalls bedroht als Lebewesen und in seiner Eigenart. Ich meine jedoch mit dieser Bedrohung nicht etwa,
daß der Schriftsteller sich nun neuen technischen Mitteln
gegenüber befände. Man kann sogar noch im Fernsehen
oder im Rundfunk dichten. Die Tatsache, daß es heute
einen Rundfunk, ein Fernsehen usw. gibt, stellt für den
Schriftsteller nur eine Erweiterung seiner Mittel dar, für
den dramatischen Schriftsteller, will ich hier gleich ein-
schränken, denn bei ihm ist ja das Wort, die Sprache
nicht alles, sondern ein letztes Resultat, das vom Schauspieler immer wieder neu erreicht werden muß. Das reine
Wort gibt es weder im Theater noch im Rundfunk noch
im Fernsehen, weil im dramatischen Spiel nie vom Menschen abstrahiert werden kann. Es handelt sich überall
um den Menschen, um den Menschen, der redet, der
durch das Spiel zum Reden gebracht wird. Sieht man im
Film, wie im Fernsehen, durch ein Schlüsselloch, im
Theater wie in einen Guckkasten, so lauscht man im
Hörspiel an einer verschlossenen Tür ohne Schlüsselloch.
Was nun besser sei, scheint mir müßig zu fragen. Es ist
ein Streit um Methoden, in dem jeder recht hat. Im
Hörspiel ist die Welt auf die eine Ebene des Hörens
abstrahiert, das ist seine große Möglichkeit und seine
große Schwäche. Der Vorteil des Theaters gegenüber
dem Hörspiel, aber auch der Vorteil des Films oder des
Fernsehens liegt gerade darin, daß in ihnen die Sprache
nicht als das unmittelbare Medium, sondern als der

eigentliche Höhepunkt erreicht wird. Das Theater hat
eine viel größere Steigerung als das Hörspiel. Die Welt ist
im Hörspiel auf das Hören amputiert, im Film auf das
Bild hin. Bei beiden wird eine zu große Intimität erzielt.
Sieht man im Film, wie sich die Leute ausziehen, so hört
man im Hörspiel, wie sie miteinander flüstern. Gegenüber diesen verschiedenen Möglichkeiten der Technik hat
sich der Schriftsteller nun künstlerisch zu bewähren, und
das ist möglich, wenn er begreift, daß die verschiedenen
technischen Möglichkeiten schon an sich verschiedene
Stoffe verlangen: daß ein Theaterstoff etwas ganz anderes
ist als ein Hörspielstoff oder ein Fernsehstoff. Die Gefahr
für den Schriftsteller liegt heute anderswo. Der Schriftsteller wird allzu leicht verführt, eine Rolle zu spielen,
die ihm nicht zukommt. Die versagende Philosophie
überreichte ihm das Szepter. Nun sucht man bei ihm,
was man bei ihr nicht fand, ja, er soll gar die fehlende
Religion ersetzen. Schrieb der Schriftsteller einst Dinge,
so schreibt er jetzt über Dinge. Er gilt als Prophet und,
was noch schlimmer ist, er hält sich für einen. Nichts ist
gefährlicher für den Künstler als die Überschätzung der
Kunst. Sie vermag jede Unterschätzung zu ertragen. Im
Weihrauchklima der heutigen Verabsolutierung kann sie
ersticken.

Der Schriftsteller verspürt, daß wir heute auf eine
Wirklichkeit gestoßen sind, die jenseits der Sprache liegt,
und dies nicht auf dem Wege der Mystik, sondern auf
dem Wege der Wissenschaft. Er sieht die Sprache be-
grenzt, doch macht er bei dieser Feststellung oft einen
logischen Fehler. Er sieht nicht, daß die Begrenzung
etwas Natürliches ist – weil die Sprache nun einmal mit
dem Bilde verhaftet sein muß, will sie Sprache bleiben –,

sondern er versucht, sie über ihre Begrenzung zu erweitern oder sie gleichsam aufzulösen. Nun ist die Sprache etwas Unexaktes. Exaktheit bekommt sie nur durch den Inhalt, durch den präzisen Inhalt. Die Exaktheit, der Stil der Sprache wird durch den Grad der immanenten Logik ihres Inhalts bestimmt. Man kann nicht an der Sprache arbeiten, sondern nur am Gedanken, am Gedanken arbeitet man durch die Sprache. Der heutige Schriftsteller arbeitet oft an der Sprache. Er differenziert sie. Dadurch wird es im Grunde gleichgültig, was er schreibt. So schreibt er denn auch meistens über sich selber. Was soll der Schriftsteller tun? Zuerst hat er zu begreifen, daß er in dieser Welt zu leben hat. Er dichte sich keine andere, er hat zu begreifen, daß unsere Gegenwart auf Grund der menschlichen Natur notwendigerweise so ist. Das abstrakte Denken des Menschen, die jetzige Bildlosigkeit der Welt, die von Abstraktheiten regiert wird, ist nicht mehr zu umgehen. Die Welt wird ein ungeheurer technischer Raum werden oder untergehen. Alles Kollektive wird wachsen, aber seine geistige Bedeutung einschrumpfen. Die Chance liegt allein noch beim Einzelnen. Der Einzelne hat die Welt zu bestehen. Von ihm aus ist alles wieder zu gewinnen. Nur von ihm, das ist seine grausame Einschränkung. Der Schriftsteller gebe es auf, die Welt retten zu wollen. Er wage es wieder, die Welt zu formen, aus ihrer Bildlosigkeit ein Bild zu machen.

Wie aber formt der Schriftsteller die Welt, wie gibt er ihr ein Gesicht? Indem er entschieden etwas anderes betreibt als eine Philosophie, die vielleicht nicht mehr möglich ist. Indem er entschieden den Tiefsinn fahren läßt, indem er die Welt als Materie verwendet. Sie ist der Steinbruch, aus dem der Schriftsteller die Blöcke zu seinem Gebäude schneiden soll. Was der Schriftsteller treibt, ist nicht ein Abbilden der Welt, sondern ein Neuschöpfen, ein Aufstellen von Eigenwelten, die dadurch, daß die Materialien zu ihrem Bau in der Gegenwart liegen, ein Bild der Welt geben. Was ist nun eine Eigenwelt? Das extremste Beispiel: *Gullivers Reisen.* Alles in diesen ist erfunden, es ist gleichsam eine Welt neuer Dimensionen erstellt worden. Doch durch die innere, immanente Logik wird alles wieder zu einem Bilde unserer Welt. Eine logische Eigenwelt kann gar nicht aus unserer Welt fallen. Das ist ein Geheimnis: die Übereinstimmung der Kunst mit der Welt. Wir haben allein am Stoffe zu arbeiten. Das genügt. Stimmt der Stoff, wird auch das Werk stimmen. Hat dies der Schriftsteller begriffen, wird er sich auch vom Privaten abwenden, die Möglichkeit einer neuen Objektivität, einer neuen Klassik, wenn Sie wollen, eine Überwindung der Romantik wird sich ihm auftun.

Der Schriftsteller hat ein Arbeiter zu werden. Er hat sich die Stoffe nicht durch eine Dramaturgie zu verbauen, sondern jeden Stoff durch die dem Stoffe gemäße Dramaturgie zu ermöglichen. Es gibt in der deutschen Sprache die zwei Ausdrücke ›sich ein Bild machen‹ und ›im Bilde sein‹. Wir sind nie ›im Bilde‹ über diese Welt, wenn wir uns von ihr kein Bild machen. Dieses Machen ist ein schöpferischer Akt. Er kann auf zwei Arten verwirklicht werden: durch Nachdenken, dann werden wir notgedrungen den Weg der Wissenschaft gehen müssen, oder durch Neuschöpfen, das Sehen der Welt durch die Einbildungskraft. Den Sinn dieser beiden Haltungen, oder besser – dieser beiden Tätigkeiten, stelle ich dahin. Im Denken manifestiert sich die Kausalität hinter allen

Dingen, im Sehen die Freiheit hinter allen Dingen. In der Wissenschaft zeigt sich die Einheit, in der Kunst die Mannigfaltigkeit des Rätsels, das wir Welt nennen. Sehen und Denken erscheinen heute auf eine eigenartige Weise getrennt. Eine Überwindung dieses Konflikts liegt darin, daß man ihn aushält. Nur durch Aushalten wird er überwunden. Kunst, Schriftstellerei ist, wie alles andere auch, ein Bewähren. Haben wir das begriffen, ahnen wir auch den Sinn.

Über Walter Mehring

Genauer auf sein Leben eingehen, hieße eine moderne Odyssee schreiben, die Verfolgungen, die er erleiden, die Listen, die er anwenden mußte, das Elend auch, in welches er nicht nur in Europa geriet. Einst populär, von vielen gesungen, Bänkelsänger und Lyriker, ein Sprachkünstler ersten Ranges, mächtig auch des Rotwelschen, Dramatiker, Übersetzer, Kenner der Malerei, Deutscher dem Papier, Franzose dem Herzen nach, ein Berliner alles in allem, homme de lettres, stets klar, stets unbestechlich, schrieb er die letzten Gedichte in den Vereinigten Staaten, vorher in den Flüchtlingslagern Frankreichs, Gedichte, in denen verzichtet wird, sich in eine Weltanschauung oder gar in eine Partei zu retten, was ja auch vorgekommen ist: Der Qual steht allein der Vers gegenüber. Alles erscheint auf den menschlichen Aspekt der Katastrophen reduziert, jeglicher Trost ist über Bord geworfen. Dieser Mehring ist nicht mehr populär. Die Menschen wollen ihre Untergänge entweder besungen haben oder vergessen, durch die Münder der Opfer reden die Untaten selbst. Mehring verstummte, mehr noch, beging jetzt eben die Bosheit, sechzig zu werden. Odysseus hat entweder heimzukommen oder umzukommen, beides ist für den Ruhm gleich dankbar, gleich verwendbar, Mehring ist nur davongekommen. Damit läßt er es bewenden. Sein Ithaka ist untergegangen. Es gibt keine Heimkehr mehr, auch wenn er nun in Europa haust,

vorübergehend, und gegenwärtig in Zürich. Von vielen
verhaftet, läßt er sich nicht mehr verhaften; da er Gewalt
in jeglicher Form und in jeglichem Lager kennen lernte,
fällt er auf keine mehr herein, traut keinem Boden so
ganz, hält vieles für tot, was noch zu leben glaubt.
Hartnäckig, störrisch oft, weil er nicht mißbraucht sein
will. Aus dem Lyriker ist ein Kritiker geworden, besser:
ein Mensch, der prüft, was mit ihm denn überstanden
habe, der nach dem sucht, was noch für ihn bleibt,
unzerstörbar, auch wenn die Bibliothek verloren ist.
Zurück blieb ein Europa, gesichtet von einem seiner
Opfer, ein Rest Menschlichkeit, einige Farben, gepinselt
auf Leinwand, ein Rest Glauben, einige Bücher, französische, englische, deutsche sogar, eine leise Möglichkeit
des Geistes, mit der man nichts verzeihen, die man aber
immer wieder gebrauchen sollte.

*Gibt es einen spezifisch
schweizerischen Stoff,
der verfilmt werden müßte?*

Antwort auf eine Umfrage
1957

Unter einem schweizerischen Film wird offenbar nicht ein Film verstanden, der von Schweizern gemacht wird, womit die Frage nach dem Stoff hinfällig würde – denn warum sollten Schweizer nicht jeden Stoff verwenden können, aus dem ein Film zu machen wäre? (Analog dem, was ich als Theaterschriftsteller betreibe; die Frage, ob einer meiner Stoffe schweizerisch sei oder nicht, bekümmert mich nie.) Offenbar wird darunter ein Film über helvetische Stoffe verstanden, der sich, zweitens, auch zum Exportartikel eignen muß. Das vor allem. Der Forderung nach Geistig-Positivem steht ebenso unerschütterlich die Forderung nach einem guten Geschäft gegenüber. Auf das gute Geschäft kann im Film nicht verzichtet werden, die Produktionskosten sind zu groß, man soll dies auch nicht, doch den positiven Geist, die Idee, mit jedem Film die Menschheit beglücken zu wollen, lasse man fahren. Wird dies gewagt, liegen die Stoffe auf der Straße. Die guten Stoffe, denn nur die liegen dort. Doch bin ich skeptisch. Die Lage ist peinlich. Unsere Tugenden sind für die Welt interessanter als unsere Schwächen, das heißt, wollen wir schweizerische Stoffe exportieren, *müssen* sie sein, wie sie schon sind. Wir können (da der Film ein Geschäft sein muß) nicht uns selber spielen, sondern nur unsere Legende. Ich meine, zum Beispiel: bald werden wir – wollen wir wetten? – einen Pestalozzifilm haben, warum sollte der Film diese ewige Trumpfkarte der geistigen Schweiz nicht ausspielen (die sicher auch ein Geschäft sein wird), dabei täte uns ein Film über die sinnlose Büffelei in unseren Schulen not usw. usw. Doch der Schweizer kann es sich nicht leisten, im Film ein Lied dessen zu singen, von dem er eins singen könnte, er muß jodeln, bald im wörtlichen, bald im geistigen Sinne des Wortes. So treten wir denn in unseren Filmen auf, wie von Bundesräten gesehen, so verherrlichen wir unsere Fiktionen, um an unseren Problemen vorbeizugehen. Zusammengefaßt: die Legende unserer Tugenden erstickt die Möglichkeit, die vielleicht noch in unseren Lastern läge.

Vom Schreiben

Rede zu einer Lesung in München
1959

Meine Damen, meine Herren,
eigentlich hatte ich vor, etwas aus meinen Werken zu
lesen, doch da das Theaterstück, an dem ich gerade
arbeite, eins mit Musik ist, und ich leider weder fähig bin
noch mir einbilde, singen zu können, muß ich die Vorle-
sung unterlassen und Ihnen einen Vortrag halten, in der
Gewißheit, Sie zwar weniger zu erschrecken als im Theaterstück, aber auch in der Befürchtung, Sie mehr zu
langweilen; um so mehr als ich im Sinne habe, einige
Gedanken über meine schriftstellerischen Bemühungen
zu äußern, soweit sie das Theater betreffen. Es fällt mir
dies, meine Damen und Herren, offen gestanden, nicht
leicht. Besonders und gerade in München nicht. Ich bin
in dieser Stadt einige Male gespielt und meistens arg
zerzaust worden und weiß nun nicht recht, welche
Miene ich machen soll: die des Schuldbewußten – als eine
Art Kaiser Heinrich IV. der Dramatiker vor einem kriti-
schen Canossa; eine Rolle, die zwar höflich wäre, aber
die mir nicht liegt – oder die des Gleichgültigen, was
zwar der Wahrheit näherkäme, aber reichlich unhöflich
wäre. Ich glaube, wir lösen diese Frage am besten damit,
daß wir gar nicht auf sie eingehen. Ich will diesen Abend
meinen Theorien über das Theater nachgehen, ohne den
Gewissenskonflikt auszufechten, inwieweit ich diese

Theorien auch befolgt habe, und ich bitte Sie als meine Gastgeber um die – Höflichkeit, meine Praxis zu vergessen und ein Auge zuzudrücken – es ist ja schließlich, zum Beispiel, auch möglich, daß ein schlechter Autofahrer ganz nützliche Lehren über das Autofahren an sich verbreitet, die man sich durch seine Narrheit, sich selbst insgeheim für einen guten Autofahrer zu halten, weder vergällen, noch in den Wind schlagen sollte. Doch muß ich diesen Abend nicht nur mich ausklammern, sondern auch die Kritiker und die Literaturwissenschaftler. Ich will mich nämlich unter keinen Umständen mit ihnen herumschlagen, aus dem einfachen Grunde, weil ich über das, was sie gerade treiben oder nicht treiben, durchaus nicht im Bilde bin, so sehr nicht im Bilde, daß ich keine Ahnung habe, welche Aktien an der literarischen Börse hoch im Kurse sind. Als Schriftsteller mache ich zwar Literatur, aber kenne mich immer weniger darin aus; besonders über die Wissenschaft, die sich mit Literatur abgibt, bin ich nur vage orientiert. Soviel ich sehe, hat sie sich einerseits zu einer solchen Erhabenheit und Selbständigkeit entwickelt, daß sie eigentlich mit zwei bis vier Klassikern auskommt, neue Literatur stört eigentlich. Gewiß, man ist wohlwollend dem Unwesentlichen gegenüber, aber der Riesendom der Literatur ist errichtet und vollendet. Dieser Literaturkirche steht anderes, mehr Sektenhaftes gegenüber, das Blickfeld reicht von Benn bis Ionesco; in diesen Geheimbünden ist der moderne Mensch schon überwunden. Doch auch in diesen Kreisen scheint mir die Literaturwissenschaft größer als die Schriftstellerei geworden zu sein, die ihr zugrunde liegt, ja, ich möchte eigentlich vorschlagen, wäre ich Literaturkritiker, die Literatur endlich fallen zu lassen, um zur Literaturwissenschaft an sich zu kommen. Jener Weise, der nach der Lektüre des Telephonbuches ausrief »Die Handlung ist zwar gleich null, aber, Junge, welch Personenverzeichnis!« scheint mir symptomatisch. In diese immer mehr gegen die Literatur abgedichteten Kreise, in diese stillen Wasser des Nachdenkens über die Literatur möchte ich nun durchaus keine Steine werfen. Ich will keiner Geistesentwicklung in den Arm fallen, nichts aufhalten und nichts verwirren. Ich bin ein Komödienschreiber und auf allen anderen Gebieten ein Laie, vor allem auf dem der Literaturkritik. Ich wende mich deshalb heute abend nicht an die Literaturwissenschaftler und Kritiker – sollten welche zugegen sein –, sondern einfach an versammelte Münchener, also an Bierliebhaber, Theaterbesucher und was man in München sonst noch ist. Sind wir nun endlich unter uns, so will ich denn auch sogleich die Hauptschwierigkeit meines Berufs zur Sprache bringen. Sie liegt vorerst darin, daß ich immer wieder gefragt werde, warum ich eigentlich schreibe. Gerade diese Frage aber zeigt die Schwierigkeit meines Berufs. Sie wird gestellt, weil mein Beruf offenbar nicht als selbstverständlich genommen wird. Gebe ich nun eine selbstverständliche Antwort, etwa: ich schreibe, um mich und meine Familie durchzubringen, oder: um die Leute zum Lachen und, was ebenso wichtig ist: zum Ärgern zu bringen, wird der Frager ungehalten, denn er fragt, um etwas ganz anderes zu hören, etwa: daß ich aus einem inneren Drang heraus schreibe. Jedoch, Hand aufs Herz, wenn es nun auch stimmen würde mit dem ›inneren Drang‹, wer redet anständigerweise schon gerne davon. »Ich schreibe, um meine Familie durchzubringen« ist eine anständige Antwort. Doch haben wir damit die Schwierigkeiten der Schriftstellerei in der heutigen Zeit erst am Rande berührt, denn die Frage nach dem Sinn, nach dem Warum des Schreibens wird ja immer nur deshalb gestellt, weil sie mit der landläufigen Meinung Hand in Hand geht, der Schriftsteller müsse etwas zu sagen haben, wenn er schreibe. Und zu sagen hat nur der etwas, der etwas Außerordentliches zu sagen hat. Doch die Frage, warum einer schreibe, diese Frage des Normalbürgers wiederholt sich in veränderter Form in der Kritik, die nach der Aussage eines Stückes forscht. Was ist der Sinn eines Stückes, was ist dessen Aussage? Diese Frage nun macht mir am meisten zu schaffen, setzt mich am meisten in Verlegenheit. Wir müssen nun näher darauf eingehen. Gefragt nach dem Sinn meiner Stücke, antworte ich meistens, daß, wenn ich den Sinn meiner Geschichten wüßte, ich nur den Sinn hinschreiben würde, nur die Aussage, und mir den Rest ersparen könnte. Behaupte ich nun damit, meine Komödien hätten keinen Sinn? Ich glaube nicht. Ich meine vielmehr Folgendes: Wenn wir nach dem Sinn der Natur etwas fragen, so wird uns der Naturwissenschaftler in der Regel ausweichen. Seine Aufgabe ist nicht, dem Sinn der Natur nachzuforschen, sondern der Natur selber, ihren Gesetzen, ihrer Verhaltensweise, ihrer Struktur. Mehr verrät die Natur nicht. Ihr Sinn kann nur außerhalb ihrer liegen, die Frage nach ihrem Sinn ist eine philosophische Frage. Ähnlich nun liegt es bei der Frage nach dem Sinn eines Theaterstückes, zum Beispiel. Diese Frage ist eigentlich nicht dem Autor, sondern dem Kritiker zu stellen, der ja bekanntlich auf alles eine Antwort weiß. Der Sinn eines Kunstwerkes ist außerhalb desselben angesiedelt, auf einer anderen Ebene, und mit einem ganz bestimmten

Recht darf ein Schriftsteller behaupten, daß ihn der Sinn, die Aussage dessen, was er geschrieben habe, nicht interessiere, mit dem Recht des Schöpfers nämlich. Der Vater braucht sich seinem Geschöpf gegenüber nicht zu verantworten. Doch, leider, so einfach ist die Situation der Schriftsteller nun nicht. Sie selber haben den Sinn ihrer Schöpfungen, von dem sie nichts zu wissen brauchten, ihren Werken wieder beigemischt. Aus verschiedenen Gründen, sie liegen außerhalb, in der Zeit, sie haben ihn zum Bewußtsein erzogen, schon seit langem, er fühlt sich als Schriftsteller, will wissen, was er treibt, seinem Sinn nachgehen, ihn sich selber setzen. Nicht, daß die Schriftsteller anderer Epochen naive Naturburschen gewesen wären, aber ihr Bewußtsein lag in der Form, ihre Stile bewältigten alles, ihre Rhetorik verarbeitete jede Fabel. Wir sind auch bewußter dem Inhalt gegenüber geworden – ein Satz, der sich freilich erst im weiteren Verlauf meines Vortrags erhellen wird. Dazu kommt noch, daß dem Schriftsteller durch die Zeit das Gefühl eingeflößt worden ist, warnen, eingreifen, ändern zu müssen, er hält es immer mehr für seine Pflicht, sich zu ›engagieren‹. Alles begreiflich. Doch an diesem Punkte der Untersuchung stellt sich die Frage immer dringlicher nach dem Wesen dessen, was da ein Schriftsteller schreibt, genauer, das heißt auf meinen Fall bezogen: nach dem Wesen des Theaterstücks. Wir wollen uns, bevor wir uns an diese Frage heranmachen, zuerst die Frage stellen, ob ein Theaterstück ein Engagement eingehen müsse oder nicht, oder: muß es eine Aussage besitzen oder nicht? Diese Frage verdient eine genauere Untersuchung. Unter einer Aussage wollen wir hier etwas Allgemeingültiges verstehen. Der Sinn der Behauptung, daß ein Theaterstück eine Aussage besitzen soll, liegt darin, daß aus etwas Speziellem, Besonderem, das ja jede Handlung eines Theaterstücks darstellt, etwas Allgemeines herausspringen soll, eine allgemeine Erkenntnis, ein Resultat. Untersuchen wir nun aber daraufhin ein Werk, etwa die *Antigone* des Sophokles, so bemerken wir mit Leichtigkeit, daß das Allgemeine dieses Theaterstücks nicht in einem bestimmten Satz zu finden ist, sondern in dem überpersönlichen Griechentum, in einer ganz bestimmten hellenistischen Religiosität etwa des Sophokles, und daß die Schwierigkeit, die uns dieses Stück bietet, in unserer Unkenntnis eines damals viel allgemeineren Hintergrunds liegt. Die Aussage des Sophokles ist für uns nur zum Teil unmittelbar zu verstehen. In der Aussage soll sich das Denken des Theaterschriftstellers ausdrücken. Nun ist es klar, daß die Aussage um so verständlicher ausfallen muß, je allgemeiner das Denken des Dramatikers ist. Ein katholischer Schriftsteller wird ohne weiteres von den Katholiken verstanden, ein Anhänger einer ganz bestimmten kleinen Sekte etwa stößt bei den meisten Mitmenschen, soweit sie eben nicht dieser Sekte angehören, auf Schwierigkeiten. Je individueller, je subjektiver das Denken eines Schriftstellers, desto schwieriger seine Aussage. Doch was beim Romancier, beim Lyriker noch möglich sein kann, der Dramatiker erleidet eher Schiffbruch. Seine Kunst muß sich unmittelbar ereignen, muß abrollen, Tiefsinn hemmt, Dunkelheiten machen die Figuren unsichtbar. Die Aussage des Dramatikers muß an sich etwas sofort Einleuchtendes haben, also etwas, was vielleicht die heutigen Aussagen an sich nicht haben können, deshalb läuft gerade der heutige Dramatiker Gefahr, banal zu werden, will er zur Aussage kommen. Hier läßt sich das Pech genau aufzeichnen, nachweisen. Vorerst, um kein Mißverständnis aufkommen zu lassen, nichts gegen die sogenannten Binsenwahrheiten, jede Zeit krankt daran, daß gerade sie mißachtet werden. Eine Binsenwahrheit kann etwas Erschreckendes sein, ein Ausdruck einer plötzlichen Tiefenerkenntnis oder etwas Banales; es kommt nur darauf an, aus welchem Gesamten die Aussage kommt. Immer ist das Gesamte, der Hintergrund wichtiger als der einzelne Satz, die einzelnen Sätze, die Kinder den Mütterlichen, damit sie gedeihen, die Wagen den guten Fahrern, damit gut gefahren wird und das Tal den Bewässerern, damit es Frucht bringt, kann ungefähr jeder behaupten, jeder Kapitalist, jeder Kommunist, ein Kolonist, ein Pestalozzi und ein Bert Brecht. Es kommt allein darauf an, aus welcher Welt es gesprochen wird, ob es zur Banalität wird oder nicht, und banal wird es in dem Augenblick, wenn ich mich als Schriftsteller irgendeiner der heutigen Parteien engagiert habe. Ich weiß nun sehr genau, wie gefährlich dieser Satz sein kann und wie mißverständlich. Ich will damit nicht behaupten, der Schriftsteller solle nicht politisch sein, er kann heute nur politisch sein, aber gerade deshalb kann er keiner Partei angehören, sich nicht engagieren. Dies liegt in seinem Werk begründet, das nicht eine Ansammlung von mehr oder weniger richtigen Aussagen, Philosophien und Meinungen ist, sondern elementar etwas anderes. Jeder wirkt dann am meisten, wenn er das Seine treibt, der Dramatiker, wenn er Stücke schreibt. Dieser Akt des Schreibens nun, behaupte ich, ist etwas anderes als der Akt des Philosophierens oder der Akt der Empörung über Mißstände, Dummheiten, Bigotterien; wohlgemerkt: nur dieser Akt, nur die Stunden, in der er ganz Dramatiker ist und nichts anderes; was er daneben noch ist, was er glaubt, an was er sich hält, zu welcher Partei er läuft, ist seine Sache, spielt in diesen Momenten des Schreibens keine Rolle ...

Friedrich Schiller

1959

Meine Damen, meine Herren,
Wie Sie eben vernommen haben, wurde mir der diesjährige Schillerpreis der Stadt Mannheim verliehen, so daß ich nun nicht gut darum herumkomme, Schiller auch mitzufeiern, eine Aufgabe, der ich mich denn notgedrungen unterziehen muß, obschon ich mir nicht ganz im klaren bin, *wem* ich nun zu danken habe, Schiller oder dem Herrn Oberbürgermeister. Doch wenn mir viele – aus nicht nur Ihnen, sondern auch mir verständlichen Gründen – die Berechtigung, hier zu reden, absprechen mögen, ein gewisses Recht kann ich mir wenigstens zubilligen: Nicht nur, daß ich ebenso schweizere, wie Schiller, wir sind unterrichtet, schwäbelte, sondern auch, weil Schiller schließlich das Nationaldrama der Schweizer schrieb und nicht jenes der Deutschen. Allerdings kannte er diese auch weit besser als uns; wäre er Schweizer gewesen, etwa ein Untertan der gnädigen Herren zu Bern, hätte er es wohl ebenfalls unterlassen.
Doch fällt mir trotz der hohen Ehre die Rede schwer. Bedenken anderer Art melden sich. Ich bin weder Literaturwissenschaftler noch Schillerkenner. Mein Beruf als Schriftsteller verhindert eine mehr als gelegentliche und freizeitliche Beschäftigung mit Literatur. Ich bin rein technisch nicht in der Lage, Schiller als Zacke im Panorama der großen Männer des abtretenden achtzehnten Jahr-

hunderts von Süden her gesehen einwandfrei auszumessen. Auch fehlt mir der Drang, mich näher mit jener Literatur abzugeben, die sich mit Literatur abgibt. Ich vermag nur Vermutungen auszudrücken, ohne Möglichkeit, ihnen näher nachzuspüren, das Vermutete, Erwitterte streng wissenschaftlich zu beweisen, aber auch ohne Lust dazu, aus Ahnung vielleicht, daß sich auf dem literarischen Gebiete in Wahrheit wenig beweisen lasse, und aus dem Verdachte heraus, daß ein Beweis hier möglicherweise nichts bedeute, weil er sich auf einer anderen Ebene abspiele, auf dem Schachbrett der Spekulation nämlich, und dadurch die vielen Unstimmigkeiten nicht beachten könne und dürfe, die sich auf der Ebene des Tatsächlichen den Erscheinungen so hartnäckig und störend beimengen. Auch gehört zu einer Feier eine feierliche Rede, eine Beschwörung des Gefeierten, ein Entrollen seines Lebens, ein Eingehen auf seine Werke, profund und von hoher Warte herab, aber auch ein wenig Lüge, ein wenig Übertreibung, zuviel des Rühmens.

Wenn ich Sie in dieser Hinsicht enttäuschen muß, verzeihen Sie mir. Es geschieht nicht aus Respektlosigkeit, wenn ich es unterlasse, Schiller ins Absolute, Endgültige, Vorbildliche aufzublähen, überhaupt mich so aufzuführen, als wären die Klassiker die heiligsten Güter der Nation, nicht weil ich die Klassiker für kein Gut halte, sondern weil ich den Nationen in dieser Sache mißtraue. Für den tätigen Schriftsteller jedoch kann nur ein menschliches Verhältnis zu den Klassikern von Nutzen sein. Er will keine Götzen in ihnen sehen, keine unerreichbaren Vorbilder, sondern Freunde, Anreger, Gesprächspartner; oder auch, mit der gleichen Legitimität, Feinde, Schöpfer von oft langweiligen Romanen und pathetischen Theaterstücken. Er will sich ihnen nähern und sich wieder von ihnen entfernen, ja, schreibt er, sie vergessen dürfen, weil, und auch dies ist legitim, ihn im Zustande des Schreibens, des Planens und Ausführens eigentlich stört, daß schon andere vor ihm und *wie* geschrieben haben, denn jedes Produzieren ist an einen gewissen momentanen Größenwahn gebunden.

So will ich denn zu Ihnen nicht von der Wirkung reden, die Schiller mit einigen seiner Werke immer noch gerechterweise auf dem Theater ausübt, sondern mehr vom Dialog, den ich mit Schiller führe, vom Bilde, das ich mir von ihm mache, ganz unwissenschaftlich, ich habe es schon zugegeben, vom Bilde zum persönlichen Arbeitsgebrauch, zur Kontrolle des eigenen Arbeitens. Auch wir Schriftsteller sollten bisweilen wissen, was wir tun, und das können wir am besten, wenn wir untersuchen, was andere getan haben. Hat nun diese Methode den Vorteil, daß ich nur über das zu reden brauche, was mich bei Schiller beschäftigt, weist sie jedoch den Nachteil auf, daß wesentliche Aspekte seines Arbeitens unterschlagen werden, so etwa Schillers Verhältnis zur Antike, seine Lyrik, seine Bedeutung als Historiker usw. Auch beschäftigen mich eigentlich nicht so sehr seine Dramen – ich gehe ihnen meistens höflich aus dem Wege, vorsichtigerweise, aus einem natürlichen Selbstschutz heraus und weil ich mit ihnen Mühe habe, weshalb soll ich mich hier verstellen – als vielmehr sein dramaturgisches und philosophisches Denken, das sich hinter ihnen verbirgt. Das scheint vielleicht nicht selbstverständlich. Zwar gilt Schiller noch heute als ein außerordentlich klarer Kopf, der in außerordentlich klarer Weise Auskunft über die besondere Schwierigkeit seiner Schriftstellerei gab, doch war ein

klarer Kopf in der damaligen deutschen Literatur ja
längst nicht eine so große Seltenheit wie in der heutigen,
man braucht nur aus dem Stegreif aufzuzählen, Lessing,
Herder, Wieland, Lichtenberg, Humboldt, Goethe usw.
Angesichts dieser allgemeinen, mächtigen und so ganz
ungewohnten Aufhellung des Geistes auf deutschem
Sprachgebiet noch besonders auf Schillers Klarheit hinzuweisen, scheint daher müßig. Es versteht sich gewis-
sermaßen von selbst, daß er auch hier groß und klar
wirkt. Anderseits jedoch – und das ist nicht zu leugnen –
zählen seine philosophischen Schriften nicht zu seinen
populären Arbeiten.

Sein Philosophieren kommt vielen veraltet vor, speku-
lativ, schematisierend. Seine Schriften, über das Tragische, über Anmut und Würde, über naive und sentimentalische Dichtung, über das Erhabene usw. werden als
große Prosa bewundert, aber sie erscheinen wie in Begriffen versteinert, mit allzuviel Sinn belastet, ästhetisch und
ethisch zugleich, moralisierend, kaum zu widerlegen,
aber isoliert, bedeutungslos für die Gegenwart, erhaben,
doch unfruchtbar.

So ist der Zugang zu Schillers Denken schwer. Zwar
liegt es überall offen da, besonders in seinen Briefen. Er
kommentiert sich unaufhörlich. Wir erhalten Einblick in
seine Schriftstellerei, in diesen damals so jämmerlich
unrentablen Beruf. Zuerst bewundern wir den Organisa-
tor. Das ist Schillers unheimlichste Seite. Zeitschriften
werden gegründet, Honorarfragen geregelt, Mitarbeiter
gewonnen, die Kritik wird organisiert, oft eigentlich
nicht unbedenklich, es riecht nach literarischer Klüngel-
wirtschaft, das Publikum selbst wird als ein Faktor eingesetzt, der betrogen sein will, mit dem man sich im

Kriegszustande befindet, mit dem viel zu rechnen, aber wenig zu verdienen ist. Daneben aber, wichtiger, liegt das Getriebe seiner Werkstatt bloß. Wir sehen Maschinerien anlaufen. Pläne werden ausgeführt, angefangen, konzipiert, Stoffe untersucht, was spricht dagegen, was dafür, braucht dieses Unternehmen viel Arbeit, kostet jenes wenig Mühe, was müßte noch studiert, was untersucht werden, wo liegt die dramaturgische Schwierigkeit, wie ist vorzugehen, wo müßte die Handlung stocken, verzögert, beschleunigt werden. Alles ist erklärbar, ohne Werkgeheimnis, auf Wirkungen bedacht, für die Bühne entworfen. Die Dramaturgie wird betrieben, wie sie Lessing betrieb, als eine Kunst des Stückeschreibens, als eine Reflexion darüber, was das Theater kann und will, als etwas Erlernbares, als eine Wissenschaft eigentlich. Schiller beherrscht die dramaturgischen Regeln, indem er sie herrschen läßt. Seine Dramatik beruht auf einer durchaus sicheren, handfesten Dramaturgie, nicht ohne Grund ist gerade *er* der Dramatiker der Schulmeister geworden.

Diese Dramaturgie zielt auf das Rhetorische. Der Mensch wird in Szene gesetzt, um rhetorisch ausbrechen zu können. Operndramaturgie. Doch hat dieses Vorgehen seine bestimmten Auswirkungen auf die Bühnenwelt, die dargestellt wird. Das Rhetorische akzeptieren wir nur dann ungezwungen, wenn es sich aus den Funktionen der dramatischen Personen ergibt, welche die Handlung tragen. Etwa bei einer Gerichtsverhandlung. Die Personen sind gegeben, ihre Rollen verteilt: der Richter, der Staatsanwalt, der Angeklagte, der Verteidiger. Jeder besitzt seine bestimmte Funktion innerhalb der Handlung. Rede und Widerrede, Anklage und Verteidigung und Urteilsspruch ergeben sich natürlich und in rhetorischer Form, wollen etwas Bestimmtes, enthüllen etwas Bestimmtes. Wie in diesem Grundmodell aber sind auch die Personen der rhetorischen Dramen gesetzt, ihre Funktionen durch die soziale Schichtung ihrer Welt sanktioniert: der König, der Soldat, der Bürger usw.

Das rhetorische Drama setzt eine geschlossene und sozial gestufte Welt voraus, eine Hierarchie, die auf der Bühne vorausgesetzt wird, aber auch dargestellt werden kann, zu einem Spielrahmen verdichtet, in welchem die einzelnen Spielzüge auf ihre Richtigkeit hin überprüfbar sind. Diese Voraussetzung der alten Dramatik ist auch Schillers Voraussetzung. Die Konzeption seiner Dramen ist bis auf ihre letzten Möglichkeiten hin durchdacht, oft zu genau, denn eine vollkommene Konzeption macht eigentlich die Ausführung überflüssig, die dann, wird sie unternommen, doch zu Fehlern führen kann, zu merkwürdigen poetischen Fehlleistungen. Sie geschehen der Konzeption zuliebe und unterlaufen demjenigen weniger, der nur vage konzipiert, der vom Poetischen *und* von der Erfahrung, von der Bühne ausgeht, dem notgedrungen dramaturgisch dann vieles schief gerät, wie etwa einem Shakespeare. Doch weiß dafür Schiller, der von der Konzeption her kommt, aufs genaueste Bescheid über alle Regeln, Kniffe, Möglichkeiten, man staunt da nur, wie versteht er nur zu exponieren, einzuteilen, zu steigern, zu retardieren, die Abgänge und Auftritte zu gestalten, Schlußpointen zu setzen, »dem Mann kann geholfen werden, Kardinal, ich habe das meinige getan, tun Sie das Ihre, dem *Fürsten* Piccolomini, der Lord läßt sich entschuldigen, er ist zu Schiff nach Frankreich, und frei erklär ich alle meine Knechte«; was sind das nur für letzte Verdichtungen, wie setzt er aber auch Effekte ein, oft unbedenklich, Hollywood könnte es nicht besser und dicker. Zugegeben.

Doch ist hinter all dem erstaunlichen technischen Vermögen, hinter all dem Instinkt für die Szene, für das Theatergemäße und Theatralische, hinter all den rhetorischen Arien und Auseinandersetzungen, die durch seine Dramaturgie ermöglicht werden, noch ein anderes Wissen verborgen, die Erkenntnis von Gesetzen, die nicht vom Objekte, vom Drama herstammen. Dies wird scheinbar durch eine bloße Klassifizierung erreicht. Er teilt die Dichtung in eine naive und in eine sentimentalische ein. In Wahrheit aber wird es ihm dadurch möglich, nicht von den Regeln oder von einem Stilbegriff, sondern vom Dichter auszugehen, von seinem Verhältnis zur Zeit her die Dichtung zu bestimmen. Wurden die Regeln durch die Dramaturgie gesetzt, werden sie nun durch die Zeit diktiert. Die Dichter, schreibt er, seien überall, schon ihrem Begriffe nach, die Bewahrer der Natur. Wo sie dieses nicht ganz mehr sein könnten und schon in sich selbst den zerstörenden Einfluß willkürlicher und künstlicher Formen erführen oder doch mit demselben zu kämpfen gehabt hätten, da würden sie als die Zeugen und als die Rächer der Natur auftreten. Sie würden entweder Natur sein, oder sie würden die verlorene suchen. Daraus entsprängen zwei ganz verschiedene Dichtungsweisen, durch welche das ganze Gebiet der Poesie erschöpft und ausgemessen werde. Alle Dichter, die es wirklich seien, würden, je nach dem die Zeit beschaffen sei, in der sie blühten, oder zufällige Umstände auf ihre allgemeine Bildung und auf ihre vorübergehende Gemütsstimmung Einfluß hätten, entweder zu den naiven oder zu den sentimentalischen gehören. Diese Sätze erheben einen nicht geringen Anspruch. Das ganze Gebiet der Poesie soll durch die Unterscheidung des naiven Dichters vom sentimentalischen erschöpft und ausgemessen sein. Also auch die Dramatik, deren Grundfrage lautet, wie denn überhaupt die Welt durch das Theater wiedergegeben werden könne.

Gibt es nun zwei Dichtungsweisen, die naive und die sentimentalische, muß es auch zwei verschiedene Möglichkeiten geben, die Welt durch das Theater darzustellen. Doch müssen wir eine notwendige Einschränkung machen. In einem gewissen Sinne ist das Theater stets etwas Naives. Wir müssen uns nämlich, reden wir von den Regeln der dramatischen Kunst, vergegenwärtigen, daß wir mit diesen Regeln nicht nur ein in sich geformtes Kunstwerk, sondern auch, soll die Bühne einen Sinn haben, eine Unmittelbarkeit der theatralischen Wirkung zu erzielen suchen. Diese unmittelbare Wirkung ist jedoch nur möglich, wenn wir beim Publikum eine gewisse Naivität grundsätzlich voraussetzen. Ein Theaterstück ereignet sich auf der Bühne, rollt vor den Augen des Publikums ab, ist so unmittelbares Geschehen; ein Publikum ist im Momente des Zuschauens notgedrungen naiv, bereit mitzugehen, sich führen zu lassen, mitzuspielen, ein nachdenkliches Publikum hebt sich selbst auf, das Theater verwandelt sich *in* ein Theater. Die Kunst des Dramatikers besteht darin, das Publikum erst nachträglich zum Nachdenken zu bringen. Doch setzt nun die natürliche Naivität des Publikums auch eine Übereinstimmung zwischen ihm und dem Autor voraus, soll die Unmittelbarkeit zustandekommen. Der naive Theaterdichter wird die Naivität des Publikums teilen, der sentimentalische, in Rechnung stellen. Deshalb haben es die

Schauspieler unter den Dramatikern am leichtesten, die Denker am schwersten.

Shakespeare, Molière, aber auch Nestroy sind die legitimsten Herrscher auf der Bühne, Schiller einer ihrer größten Usurpatoren. Für die ersteren ist die Unmittelbarkeit der Bühne kein Problem, Shakespeare gar kann sich die schwerstverständlichen Monologe erlauben, ihn trägt die Bühne immer, er ist rhetorisch aus Freude am Rhetorischen, Schiller dagegen aus einem Willen zur Klarheit, zur Deutlichkeit heraus. Seine Sprache verwandelt das Mittelbare ins Unmittelbare, ins Sofortverständliche. Daher die Bühnenwirksamkeit dieser Sprache, die nichts Intimes an sich hat, die in ihren großen Momenten das Gesetz selbst zu verkörpern scheint, daher aber auch ihre Popularität, ihr Hang zum Sprichwörtlichen, leicht Faßlichen, aber auch ihre Neigung, allzu moralisch, traktathaft zu wirken.

Doch ist die Schwierigkeit, die ihnen die Bühne bereitet, nicht der einzige Unterschied zwischen dem naiven und dem sentimentalischen Dramatiker. *Ist* nämlich der naive Dichter Natur, wie sich Schiller ausdrückt, muß er auch in der Wirklichkeit die Natur sehen, somit die Wirklichkeit akzeptieren, sie durch das Theater nachahmen, in ein Spiel verwandeln. Er versetzt das Publikum in Mitleid und Schrecken oder bringt es zum Lachen. Im naiven Theater wird die Wirklichkeit nicht durchschaut, sondern als göttliche Ordnung erlebt, als Schöpfung, als Naturgesetz, als Auswirkung des Milieus und der Herkunft, eine Möglichkeit des Dramas, die Schiller nicht voraussehen konnte, die die Wissenschaftlichkeit des neunzehnten Jahrhunderts voraussetzt, die jedoch tatsächlich wieder naives Theater schuf. Der naive Dichter ist kein Rebell. Das Schicksal des Ödipus offenbart die Götter, führt sie nicht ad absurdum, die Verbrechen des Claudius stellen *sein* Königtum in Frage, nicht *das* Königtum, für den sentimentalischen Dichter jedoch müßten sie es tun. Er ist nur als Rebell denkbar. Für ihn ist die Wirklichkeit nicht die Natur, sondern die Unnatur, die er im Namen der Natur zu richten hat. Das Theater ist das Podium seiner Anklage. In Tyrannos. Die Szene wird zum Tribunal. Der sentimentalische Dichter klärt das Publikum auf. Es soll die Ungerechtigkeit der Welt nicht nur erleben, nicht nur Mitleid empfinden, nicht nur Schrecken, sondern auch als eine Wirkung ganz bestimmter Ursachen erkennen, es soll das Rasen eines Karl Moor, eines Ferdinand nicht nur mit Mitleid und Furcht entgegennehmen, sondern auch billigen, sein Zorn soll entfacht werden. Der Mensch scheitert am unnatürlichen Zustande der Welt. Der Sohn erhebt sich gegen den Vater, der Bruder gegen den Bruder. Der Mensch geht schuldlos zugrunde. Sein Opfer bleibt nur in einer inneren Weise sinnvoll. Es offenbart die Tragik der Freiheit oder eine falsche Gesellschaftsordnung; im äußeren Sinne aber ist das Opfer vergeblich, weil es die richtige Gesellschaftsordnung nicht herbeiführt.

Doch ist an dieser Stelle nun die Frage berechtigt, ob diese Haltung denn genüge, ob nicht gerade die Erkenntnis, daß sich die Welt in einem schlechten Zustande befinde, nicht nur die Einsicht voraussetze, wie die Welt sein sollte, sondern auch moralischerweise den Hinweis notwendig mache, auf welche Weise die Welt wieder in Ordnung kommen könne, und ob dieser Hinweis dann nicht die Aufforderung in sich schließen müsse, diesen Weg auch zu beschreiten. Wird aber diese Frage bejaht, genügt es nicht, die Welt als ungerecht zu beschreiben. Sie muß dann als eine veränderbare Welt beschrieben werden, die wieder in Ordnung kommen kann und in welcher der Mensch nicht mehr ein Opfer zu sein braucht. Ist dies aber so, verwandelt sich der Schriftsteller aus einem Rebellen in einen Revolutionär.

Damit aber wird mein Vortrag leider etwas ungemütlicher. Er muß notgedrungen das rein dramaturgische Gebiet verlassen, in welchem sich gefahrlos fachsimpeln läßt, Schiller ist ein gar zu unbequemer Gegenstand, ein leider auch hochpolitischer Fall. Es dürfte klar sein, daß ich mit meiner Auslegung des naiven und sentimentalischen Theaters scheinbar Schiller verfehlt und Brecht getroffen habe, der ja überhaupt, sieht man genauer hin, in vielem mit Schiller zu vergleichen ist, auch in freundlichen Zügen, etwa in der Neigung, bisweilen unfreiwillig komisch zu wirken, es ist bei beiden manchmal so, als ob Friederike Kempner mitdichte: »Ehret die Frauen, sie flechten und weben!« »Aus fuhr das Geschlecht der Agronomen.« Dieser große Schriftsteller stellt die extremste Form des sentimentalischen Dichters dar. Er verließ das Stadium der Rebellion, um Revolutionär zu werden, durch sein Theater die Gesellschaft zu verändern. Er wurde Kommunist, wir wissen es.

Doch muß ich hier etwas Selbstverständliches einschieben. Brechts Weltanschauung mag für viele schmerzhaft sein, für viele ärgerlich, doch darf sie nicht als eine bloße Verirrung, als eine Nebensache behandelt werden. Sie gehört wesentlich zu Brecht, sie ist ebensowenig eine zufällige Eigenschaft seiner Werke wie ihre Bühnenwirksamkeit, ihre dichterische Präzision, ihre dramaturgische Kühnheit und nicht zuletzt wie ihre Menschlichkeit.

Diese legitime Leistung zwingt uns, Brechts Kommunismus sachlich zu betrachten, ihn aufs neue auf seine Wahrheit hin zu untersuchen. Wir dürfen keine Ausflüchte machen; zugeben, was zuzugeben ist.

Brechts Dichtung ist eine Antwort auf unsere Welt, auf unsere Schuld, eine der wenigen ehrlichen Antworten auf unsere Phrasen, eine Darstellung dessen, was wir unterlassen haben, auch wenn es eine kommunistische Antwort ist. Wir müssen uns mit ihm auseinandersetzen. Als Gespenst unserer Furcht hat uns der Kommunismus längst gelähmt, wir sind in Schrecken erstarrt, so wie wir als Gespenst seiner Furcht ihn längst gelähmt haben. Versteinert sind wir beide. Was aber von seiner Seite aus natürlich ist, weil er doch eine Ideologie darstellt, die an sich aus ihrer Natur heraus zu keinem Dialog fähig sein kann, ist von unserer Seite unnatürlich. Wir können mit dem Kommunismus einen echten Dialog führen, er nicht mit uns. Wir können ihn überwinden, indem wir ihn furchtlos betrachten, immer aufs neue durchdenken, seine Wahrheit von seinem Irrtum scheiden; er vermag weder uns noch sich selber furchtlos zu betrachten. Wir müssen tun, was der Kommunismus versäumt, sonst erstarren wir wie er in einer Ideologie. Deshalb stellt das Ärgernis, daß sich zu unserer Zeit der größte deutsche Dramatiker im Glauben, menschlich zu handeln, auf die Seite einer Revolution schlug, an uns die Frage nach unserer Antwort auf unsere Zeit. Haben wir überhaupt eine Antwort, oder tun wir nur so, als ob wir eine hätten? Haben wir nicht einfach Furcht? Furcht vor einer unvermeidlichen Operation? Lassen wir uns nicht einfach treiben? Sind unsere ständigen Hinweise auf die Freiheit nicht Ausreden, die uns gestatten, das Notwendige zu unterlassen, um bei den alten Werten zu bleiben, mit deren Zinsen sich leben läßt, die wir übernommen haben, ohne sie aufs neue zu durchdenken?

So wenden wir uns denn in Wirklichkeit, wenn wir Schiller fragen, weshalb *er* kein Revolutionär geworden sei, an uns. Auch in seine Zeit fällt eine große Revolution, die ihn nicht nur zum Ehrenbürger ernannte, sondern der wir schließlich auch vieles von dem verdanken, was wir nun gegen den Kommunismus zu verteidigen vorgeben. Mehr noch. Auch in Schillers Zeit fällt eine deutsche Niederlage, wie zu Brechts Zeiten zerfiel ein deutsches Reich, unterblieb aber auch eine deutsche Revolution, aus freilich ganz anderen Gründen: Der Einbruch Napoleons führte zu den Befreiungskriegen, der Einbruch der Alliierten noch bedeutend schneller zum Wirtschaftswunder.

Wie handelte nun Schiller? Was zog er für Konsequenzen? Können wir ihn für unsere Sache in Anspruch nehmen, für unsere Freiheit aufbieten? Haben wir ihn auf seine Dramaturgie hin befragt, müssen wir ihn nun in unserem eigenen Interesse auf seine Ethik, auf seine Politik hin befragen. Gab er eine Antwort auf seine Zeit? Stellte er überhaupt noch seine Zeit dar? Ist die Meinung berechtigt, er habe zwar in seinen Jugenddramen die Zeit kühn anzupacken gewagt, die Willkür der Fürsten und des Adels gegeißelt, die Intrigen, die Verworfenheit der Lakaien, die Ohnmacht der Gesetze und die Wehrlosigkeit der Bürger, aber später seine Zeit fallen lassen, um Klassik zu treiben, Zeitloses, Symbolisches, so daß wir aus diesem Grunde endlich in seinen späteren Werken weder seine noch unsere Zeit wiedererkennen?

Nun ist es jedoch etwas bedenklich, unsere Zeit so

ohne weiteres mit der seinen zu vergleichen. Ging in
unserer ein homogenes, zentralistisches, diktatorisches
Reich unter, nahm damals ein heterogenes, zersplittertes,
unzentralisiertes Reich sein Ende, das Dritte Reich konnte zerbrechen, das Heilige Römische Reich Deutscher
Nation war unzerbrechlich wie Sand, es löste sich einfach
in seine verschiedenen Bestandteile auf, die Länder wurden umgruppiert, ohne ihre Struktur zu verlieren. Auch
milderte die deutsche Kleinstaaterei den Absolutismus, er
wirkte sich nicht überall gleich aus, dazwischen lagen wie
Inseln die freien Reichsstädte, es gab größere Ausweich-
möglichkeiten, man konnte sich durchmausern, Vorsichtsmaßnahmen ergreifen, von einem deutschen Staat
in den andern schlüpfen, Schiller als Emigrant brauchte
sich nur nach Mannheim zu begeben.

In diesem unzulänglichen, aber politisch entschärften
Staatengemische, das sich nicht in eine Weltbombe verwandeln konnte, spielte sich Schillers Leben ab. Er war
von Halbheiten umstellt, in kleinen Verhältnissen,
krank, stets in Geldsorgen. Auf seine Gönner und Freunde angewiesen, an die Fron seiner Professur für allgemeine Geschichte gefesselt, kam er nie fort, erblickte er nie
das Meer, erforschte er den Strudel, in den sich sein
Taucher stürzt, bei einer Mühle. Die Zugehörigkeit zur
Nation, die ihn zu ihrem Nationaldichter erhob, betrachtete er als ein Pech, nicht als ein Glück, das Jahrhundert,
in welchem er lebte, verabscheute er. Dieser Gefangene
einer Welt, die nicht auf ihn zugeschnitten war, dachte
über die politischen Verhältnisse, in denen er sich befand,
nüchtern, realistisch. Wenn er die Deutschen für unfähig
hielt, eine politisch einheitliche, große Nation zu bilden,
wenn er die deutsche Größe abseits vom Politischen als

etwas Geistiges verstand, urteilte er nicht unpolitisch – gar so unrecht hatte er schließlich auch wieder nicht –, aber kleinstaatlich. Von dieser Kleinstaatlichkeit des damaligen Reiches her muß man ihn begreifen, als Bürger des weimarischen Zwergstaates.

Es war eines seiner Grundgefühle, politisch ohnmächtig zu sein, in einer Welt zu leben, die sich ohne Rücksicht auf die Nation einrichtete, der er angehörte, während der Revolutionär nicht nur das Gefühl braucht, im Namen einer Partei, sondern auch gleich im Namen der ganzen Welt zu handeln, Brecht aus jener zweifelhaften Epoche stammt, in der Deutschland wirklich eine Weltmacht war. Nur wenn wir dies bedenken, können wir auch unsere Zeit in jener Schillers wiederfinden, nicht nur, weil die Bedeutung Deutschlands höchst zweitrangig und Europa selbst eine Ansammlung von doch recht zweifelhaften Kleinstaaten geworden ist, sondern weil auch wir in unsere Schranken gewiesen sind.

Wir haben aufs neue zu durchdenken, was des Staates und was des einzelnen ist, worin wir uns zu fügen haben, wo zu widerstehen ist, worin wir frei sind. Die Welt hat sich nicht so sehr durch ihre politischen Revolutionen verändert, wie man behauptet, sondern durch die Explosion der Menschheit ins Milliardenhafte, durch die notwendige Aufrichtung der Maschinenwelt, durch die zwangsläufige Verwandlung der Vaterländer in Staaten, der Völker in Massen, der Vaterlandsliebe in eine Treue der Firma gegenüber. Der alte Glaubenssatz der Revolutionäre, daß der Mensch die Welt verändern könne und müsse, ist für den einzelnen unrealisierbar geworden, außer Kurs gesetzt, der Satz ist nur noch für die Menge brauchbar, als Schlagwort, als politisches Dynamit, als

Antrieb der Massen, als Hoffnung für die grauen Armeen der Hungernden. Der Teil geht nicht mehr im Ganzen auf, der einzelne nicht mehr in der Gesamtheit, der Mensch nicht mehr in der Menschheit. Für den einzelnen bleibt die Ohnmacht, das Gefühl, übergangen zu werden, nicht mehr einschreiten, mitbestimmen zu können, untertauchen zu müssen, um nicht unterzugehen, aber auch die Ahnung einer großen Befreiung, von neuen Möglichkeiten, davon, daß nun die Zeit gekommen sei, entschlossen und tapfer das Seine zu tun.

Dies zugegeben, drängt sich die Beschäftigung mit Schiller erneut auf. Als Dramatiker ist er vielleicht ein Verhängnis des deutschen Theaters, will man ihn als Lehrmeister einsetzen. Seine Regeln und Kniffe leben möglicherweise nur durch ihn, schon bei Grillparzer und Hebbel wird alles zweifelhafter, gut für Studenten der Germanistik, bei Schiller ist offenbar nichts zu lernen, er ist wahrscheinlich der Unwiederholbarste, ein Sonderfall, totgepriesen und mit Vorurteilen über ihn behaftet, dies sei alles dahingestellt und nicht näher untersucht, es ist unwichtig: Was bleibt, ist ein mächtiger Impuls, eine reine Kraft, ein einmaliges Wagnis, nichts für große Zeiten, aber für schwere. Er wurde durch die geschichtlichen Umstände gezwungen, eine Welt zu akzeptieren, die er verurteilte (Brecht in Ostberlin mußte verurteilen, was er akzeptiert hatte, das Schicksal jedes echten Revolutionärs). Er griff nicht an, sondern versuchte, die Freiheit des Menschen unangreifbar zu machen. Die Revolution war für ihn sinnlos, weil er die Freiheit tiefer durchdachte als sie. Er versuchte nicht, die Verhältnisse zu ändern, um den Menschen zu befreien, er hoffte, den Menschen für die Freiheit zu ändern. Er wies seiner

Nation das Reich des Geistes zu, aus welchem sie freilich bald emigrierte. Er teilte, wie die Götter Griechenlands, die Welt. Im Reiche der Natur herrscht die Notwendigkeit, die Freiheit im Reiche der Vernunft, dem Leben steht der Geist gegenüber. Die Freiheit wird nicht durch die Politik realisiert, nicht durch Revolutionen erzielt, sie ist als die Grundbedingung des Menschen immer vorhanden, und wäre der Mensch in Ketten geboren. Sie manifestiert sich nur in der Kunst rein, das Leben kennt keine Freiheit. Das größte Übel ist nicht die Knechtschaft, sondern die Schuld, die Revolution ersetzt die Knechtschaft durch die Schuld: Ihr wird der Aufstand der Eidgenossenschaft entgegengehalten, die Erhebung eines einfachen Naturvolkes der Hirten, die wir Schweizer angeblich einmal waren. Das Ideal der Freiheit läßt sich nur in einer naiven Welt verwirklichen, in der Welt der Unnatur wird die Freiheit etwas Tragisches. Sie läßt sich nur noch durch das Opfer vollziehen. In Schillers Dramen offenbart sich eine unbedingte Welt, gefügt aus ehernen Gesetzen, zwischen deren Schwungrädern der Weg der Freiheit schmal und streng verläuft.

Wenn wir es wagen, diese Welt zu denken, müssen wir sie ebenso ablehnen, wie wir dies mit jener Brechts meistens tun. Ahnen wir in der einen unseren Untergang, wittern wir in der andern unsere Unterdrückung, so lassen wir sie denn beide lieber als eine poetische Welt gelten, die wir genießen. Denn wir fordern die Freiheit an sich, ohne Rücksicht auf unsere Schuld, wir berechtigen Brecht, indem wir nicht vor Schiller bestehen: Beide Dichter sind unsere Richter, aber wir kümmern uns nicht um ihr Urteil, wir bewundern den Stil, in welchem sie es niedergeschrieben haben.

So haben wir keine brauchbaren Antworten auf unsere Fragen erhalten, doch gibt es vielleicht nur verschlüsselte Antworten. Wenn hinter Brecht der Marxismus und, noch weiter zurück, Hegel steht, wirkt in Schiller jener große und merkwürdige Augenblick der Philosophie weiter, der mit Kant anbrach, in welchem die Vernunft sich selber untersuchte und ihre Grenzen erforschte, in welchem sie aber auch auf eine mächtige Weise aktiv wurde, indem sie die Erfahrung nicht mehr als von den Dingen herstammend, sondern als ihr Werk erklärte, um die Welt als Geheimnis hinter den Erscheinungen, hinter dem von der Wissenschaft Erfaßbaren, unangetastet zu lassen. Schillers Konzeption der Dichtung scheint von ähnlicher Struktur. Wie der Verstand bei Kant vom Subjekte her die Erscheinungsformen der Welt leiht, so muß bei Schiller der Dichter aus seiner Idee die Welt neuschöpfen, darstellen, zu erzielen suchen. Doch ist diesem Vorgehen eine unerbittliche Grenze gesetzt, das Denken dringt nie zur Wirklichkeit, sondern nur, wie Schiller sich ausdrückt, zum Gesetz, zu den Symbolen, zu den Typen. In dieser Fähigkeit, von seinen Grenzen zu wissen, liegt vielleicht seine größte Bedeutung. Er dachte streng und unbedingt, aber machte Halt, wo Halt zu machen war, er kannte vor allem sich selber, er war sein größter Kritiker, begriff sich schärfer als seine Bewunderer. Nur so begriffen, ›erkenntniskritisch‹, sind seine Kompromisse keine faulen, sein Idealismus nicht weltfremd, sein Denken nicht nur abstrakt. Schiller bewältigte die Realität, in die er sich gestellt sah. Seine Freundschaft mit Goethe ist wie ein Werk der praktischen Vernunft, die berühmte Definition, die Goethes und Schillers Schaffen voneinander abgrenzt und doch beides voneinander abhängig macht, philosophisch und diplomatisch zugleich, ein denkerischer Kompromiß dem Leben zuliebe, eine Formel, die Freundschaft ermöglicht. Er wußte genau, was er unternahm. Das Phänomen Goethe widerlegt im tiefsten Schillers Konzeption, mit dem Begriff des Naiven ist Goethe nicht zu erklären, denkerische und künstlerische Möglichkeiten tauchen auf, die sich Schiller verbaut hatte, Schiller begann, den Bau wieder niederzureißen. Reines Denken setzt sich nicht um, der Denker, der sich aufzugeben wagt, findet die Gestalt, denkt sich erst so zu Ende.

Von da an wagte Schiller aufs neue zu handeln, anders zu handeln. Er ließ die Philosophie fallen und schrieb seine klassischen Werke. Er zerbrach das Gesetz, das er sich einst selber gab, er löste sich von seiner Zeit, indem er ins dichterische Drama vorzustoßen suchte. Doch auch als Handelnder bleibt ihm das Schicksal seiner Natur, das er als Denker auf sich nahm: vom Denken zu den Dingen zu wollen, sie nie zu erreichen. Nur so können wir sein Pathos, seine Rhetorik als etwas Einmaliges erkennen, nicht als etwas Hohles, Übertriebenes, wie es oft scheint, scheinen muß, sondern als ein ungeheures Gefälle vom Denken zur Welt hin, als die Leidenschaft der Denkkraft selbst, die überzeugen will, ohne die Klarheit zu verlieren, die das Differenzierteste im Einfachen verkörpern will. Populär, ist er dennoch der schwierigste, der unzugänglichste, der widersprüchlichste der Dramatiker. Keiner ist so schwer zu bewerten wie er, keiner so schwer anzusiedeln, bei keinem liegen die Fehler so sichtbar wie bei ihm, und bei keinem sind sie so unwesentlich, er wächst, indem man sich mit ihm beschäftigt, vom Fernen ins Nahe.

Man müßte sein, was er war, um ihm gerecht zu werden, die Leidenschaft seines Denkens besitzen; ohne diese Leidenschaft werden dessen Resultate verfälscht. Man löscht das Feuer, wenn man es verwässert. Der Gegenstand seines Denkens war die Kunst und die Natur, der Geist und das Leben, das Ideale und das Gemeine, doch flüchtete er nicht in die Ideenwelt. Er grenzte ab und hielt aus. Er faßte die Freiheit strenger als die andern, doch nicht einem System, sondern dem Leben zuliebe, er setzte Spannungen, um Funken zu erzeugen, er erhöhte den Menschen, weil er ihn mehr als das Allgemeine, mehr als den Staat liebte. Er konnte in diesem nur ein Mittel erblicken.

In Schiller ist die große Nüchternheit spürbar, die wir heute dem Staate gegenüber nötig haben, dessen Neigung, total zu werden, immanent geworden ist: Der Mensch ist nur zum Teil ein politisches Wesen, sein Schicksal wird sich nicht durch seine Politik erfüllen, sondern durch das, was jenseits der Politik liegt, was nach der Politik kommt. Hier wird er leben oder scheitern.

Der Schriftsteller kann sich nicht der Politik verschreiben. Er gehört dem ganzen Menschen. So verwandeln sich denn Schiller *und* Brecht aus unseren Richtern, die uns verurteilen, in unser Gewissen, das uns nie in Ruhe läßt.

Was aber Schiller entdeckte, nachdem er seine Beschäftigung mit der Philosophie aufgegeben hatte, bleibt uns für immer als eine Erkenntnis, unabhängig davon, ob uns Schiller als Dramatiker beeindrucke oder nicht, ob er unser Vorbild sei oder nicht: Der springende Punkt in der Dramatik liege darin, eine poetische Fabel zu finden.

Damit wird die Dramatik ein Versuch, mit immer neuen Modellen eine Welt zu gestalten, die immer neue Modelle herausfordert.

Untersuchung über den Film
›Das Wunder des Malachias‹

1959

1. Vorbemerkung

Über Wunder: Davor ist zu warnen. Wunder geeignet für naive Gattungen. Märchen, Zaubertheater, Stummfilm. Das *Wunder von Mailand* nahm das Wunder naiv auf, als schönes Märchen vom Sankt-Nimmerleins-Tag. Der Film *Das Wunder des Malachias* läßt das Wunder in einer nicht naiven Welt geschehen. Das ist die Chance, aber auch die Gefahr des Filmes. Er darf nicht nur ›poetisch‹, sondern muß auch ›logisch‹ stimmen, in sich logisch sein.

Dramaturgischer Aspekt: Das Wunder gehört in den Bereich des ›deus ex machina‹. Die religiös ärgerliche Frage: warum Gott dieses Wunder getan habe, muß dramaturgisch gestellt werden. Auch verführt das Wunder leicht zu einer gewissen religiösen Mogelei (auch bei Marshall). Daher muß ein Wunder entweder bewußt *nicht* motiviert werden, als etwas an sich Unverständliches, oder dann muß der Sinn des Wunders aufs schärfste herausgearbeitet werden, besonders dann natürlich, wenn es sich gleich zweimal ereignet. Gott hat in der Dramaturgie die Karten aufzudecken.

Dramaturgische Eigenschaft: An sich stellt ein Wunder meistens eine Prüfung oder eine Chance dar, immer aber eine Hilfe zum Glauben oder dessen Bestätigung.

Dramaturgische Sonderfrage: Wie kann ein Wunder rückgängig gemacht werden?

Erste Antwort: Nicht wieder durch ein Wunder. Sonst ersetzt das zweite Wunder das erste und muß, um aufgehoben zu werden, wieder durch ein drittes Wunder ersetzt werden usw. Die dramaturgische Schwierigkeit des Filmes *Das Wunder des Malachias* liegt jedoch gerade darin, daß dieser Weg gewählt wurde. Die Eden-Bar fliegt auf eine Insel und fliegt wieder zurück, wobei in der Filmfassung noch die weitere Besonderheit dazukommt, daß sich während des zweiten Fluges der Glaspalast, der um die Eden-Bar herum gebaut wurde, ins Nichts auflösen muß. Zwar kommt es bei einem Wunder auf etwas mehr oder weniger nicht an, aber hier ist dieses ›mehr‹ doch so, daß dieses zweite Wunder das erste (das Hinfliegen der Eden-Bar) bedeutend übertrifft, um so mehr, weil ja auch eine weitaus größere Anzahl von Gästen durch die Luft transportiert werden müssen, oder, falls die Gäste auf der Insel zurückgelassen werden, wenigstens Zeuge dieses Wunders sind. Der Roman hilft sich leicht aus dem Dilemma (zu leicht): »Die Zeitungen schrien vor dem zweiten Wunder ebenso auf, wie sie es vor dem ersten getan hatten« usw. Der Film hat es schwieriger. Er kann nicht einfach so tun, als ob das zweite Wunder keine Bedeutung mehr hätte. Auf alle Fälle ließe ich im III. Bild nicht die gläserne Halle und das Haus verschwinden, sondern nur das Haus aus der gläsernen Halle.

Zweite Antwort: Soll daher ein Wunder durch ein Wunder rückgängig gemacht werden, darf das zweite Wunder überhaupt nicht als Wunder erkannt, sondern muß für etwas Natürliches gehalten werden. Dies stellt eine dramaturgische Notwendigkeit dar.

2. Theoretische Anwendung dieser dramaturgischen Notwendigkeit

Vorerst müssen die für das ›Fest‹ wesentlichen Voraussetzungen kurz dargestellt werden.

a) Malachias versetzt durch sein Gebet die Eden-Bar von einer Großstadt auf eine einsame Insel.

b) Das Wunder wird von einzelnen Menschen erlebt.

c) Das Wunder wird von der Gesellschaft erlebt.

d) Die moderne Presse und Reklamewelt bemächtigt sich dieses Wunders (Presse und Reklamewelt = Bindeglied zwischen Gesellschaft und Wirtschaft).

e) Die Wirtschaft bemächtigt sich dieses Wunders.

  1. Reißguß – Littmann
  2. Schünemann – Gördes

Resultate:

f) Das Wunder verliert dadurch bei den Menschen an Glaubwürdigkeit. Es nutzt sich ab. Der Mensch hindert den Menschen am Glauben.

g) Die Kirche ist gezwungen, sich von einem Wunder zu distanzieren, das eine Blasphemie geworden ist.

Dies alles ist vom Drehbuch ausgezeichnet dargestellt.

Logisch notwendig ist jedoch nun auch die Reaktion der Wirtschaft auf f und g darzustellen.

h) Durch die Distanzierung der Kirche und durch die ständig anwachsenden Zweifel am Wunder sieht sich *vor allem* die Wirtschaft bedroht. Inwiefern?

1. Schünemann hat aufgrund des Wunders ungeheure Summen auf einer einsamen Insel investiert.

2. Wird nun das Wunder desavouiert, soll »Lourdes ohne Lourdes« möglich werden, muß Schünemann etwas anderes als ein Wunder bieten. Etwas Wunderbares.

i) Aus h läßt sich nun die Struktur des ›Festes im Eden-Club‹ folgern.

1. Dieses Fest muß der Höhepunkt möglichst vieler der aufgezählten Faktoren sein. (Höhepunkt der Wirtschaftskritik, aber auch der Menschenschicksale. Kontrast: der betende Malachias an der Küste.)

2. Aber auch Höhepunkt der wirtschaftlichen Ausnutzung des Wunders.

3. Auch muß es die Wendung der Beziehung Wirtschaft—Wunder bringen. Die neue Idee muß verkündet werden. Diese kann zum Beispiel in der Ankündigung bestehen, daß die Eden-Bar im Glaspalast abgerissen werde, um einem Schwimmbassin Platz zu machen. Aus der Eden-Bar muß ein Garten Eden werden.

4. Das Wunder, das sich nun während des Festes ereignet (der Rückflug der Eden-Bar) wird nun als eine vorbereitete Festüberraschung stürmisch gefeiert und belacht, da ja Schünemann gerade vorher den bevorstehenden Abbruch der Eden-Bar verkündet hatte (er kann sogar vorher auch verkündet haben, daß er die Eden-Bar wieder in der Großstadt auf demselben

Platz aufbauen werde, »um die Kirche zu beruhigen, denn auch die Finanz hat kein Interesse, den Glauben an etwas faule Wunder zu unterstützen«).

3. Praktische Vorschläge (ungefähr)

a) Der Höhepunkt des Festes kann aus der Ankündigung bestehen, die Eden-Bar werde im Glaspalast abgebrochen und an ihre Stelle trete ein Schwimmbassin, um an dieser geweihten Stätte einen echten Garten Eden zu ermöglichen, der auch im Winter benutzbar sei. Diese Ankündigung in Form einer blasphemischen Rede von Glaß im Namen Schünemanns. Wortspiele mit »Wunder«. Von einem Wunder heiße es, nun in ein Wunder der Technik überzugehen, in das wirkliche Wunder unserer Zeit vorzustoßen usw. Dazu Scheinwerferpanne, nur das drehende Licht des Leuchtturms, dann ist plötzlich die Eden-Bar verschwunden. Verblüffung, darauf riesiges Gelächter, Bravo, Beifall, alles gratuliert Schünemann zu dem Jux. Jeder hatte die Kulissen für die wirkliche Eden-Bar gehalten. Und schon tanzt man auf dem nackten Felsen, der nun in der Mitte des Glaspalastes zum Vorschein gekommen ist. Schünemann etwas erstaunt zu Gördes: »War's wirklich eine Kulisse?« »Keine Ahnung.« Schünemann zündet sich eine Zigarre an: »Na, jedenfalls muß man es dem lieben Gott lassen, der Mann meint es wirklich fair mit uns Geschäftsleuten.«
Dann III. Bild ohne Gebet. Nur Malachias, der sich vom Gebet erhebt.
Darauf Schlußbild.

b) (Erweiterung) Das Fest beginnt mit einer Auslosung: Das Liebespaar der Eden-Bar, das Paar der Wundernacht, Malachias und Malachine. Christian und Nelly werden ausgelost. Erscheinen als Mönch und Nonne. Blasphemische Hochzeit durch Glaß und Münster-Preuß. Werden in die Eden-Bar geleitet.

Ufer. Malachias kommt ins Bild.

In der Eden-Bar im Glaspalast: Nelly und Christian sich umarmend. Zynische Liebesszene.

Dann Rede Glaß, Kurzschluß, Wunder usw. wie Fest bei a.

Malachias sich am Ufer erhebend. Davongehend.

Christian und Nelly treten Zigaretten rauchend aus der Eden-Bar. Erstarren. Befinden sich in der Großstadt. »Das Wunder.« »Es ist wieder geschehen.« »Aber zu spät für uns beide.« Entfernen sich über den nächtlichen menschenleeren Platz, ohne noch einmal voneinander Abschied zu nehmen.

Dann Schlußbild.

»Der Rest ist Dank«

1960

Meine Damen, meine Herren,
Ich stehe etwas sorgenvoll vor Ihnen. Gewiß, der Ent-
schluß der Schweizerischen Schillerstiftung, ausgerechnet
mir den Großen Schillerpreis zu übergeben, stimmt mich
dankbar, aber eben, stimmt mich auch nachdenklich.
Nicht, daß ich mich nun überhaupt für preisunwürdig
halte, das möchte ich nicht behaupten, aber wenn ich auf
mein nun bald fünfzehnjähriges Bemühen zurückschaue,
unsere Zeit in auf der Bühne spielbare Komödien zu
verwandeln, stutze ich doch sehr, wenn ich dabei stets
mit Schillerpreisen überhäuft werde, was durchaus nicht
der Fall wäre, würde mir der Große Nestroypreis zuge-
sprochen, aber den gibt es wohl nicht. Doch es sei. Mit
dieser etwas unheimlichen Tatsache muß ich mich denn
nun eben abfinden, auch wenn diese Tatsache – wollen
wir ehrlich sein, und dies können wir ja auch einmal bei
einer Feier – nicht nur mir, sondern wohl auch vielen von
Ihnen, meine Damen und Herren, zu schaffen macht.
Doch bleibt ein leichtes Unbehagen bestehen. Ein Schillerpreis, und nun gar ein großer, ehrt und belohnt nicht
nur, er verpflichtet auch, und falsch verpflichtet möchte
ich denn doch nicht werden. Darum ist es meine Pflicht,
das verehrte Schiller-Komitee noch einmal vor mir zu
warnen, auch wenn diese Warnung nun eigentlich zu spät
kommt und ich das Geld schon habe.

Ich bin beunruhigt. Nicht eigentlich darüber, daß man mich ernst, sondern daß man mich bierernst nehmen, daß man mich entweder in ein moralisches Licht hineinstoßen könnte, welches mir weder zukommt noch bekömmlich ist, oder daß man mir gar einen Zynismus zuschreiben möchte, der auch nicht zutrifft. Es gibt Witze, die mit Blitzesschnelle ankommen müssen, wollen sie wirken. Werden sie nicht auf der Stelle begriffen, bleiben sie wirkungslos. Ich bin nun einmal in der Welt der literarischen Erscheinung so ein Witz, und ich weiß, für viele ein schlechter und für manche ein bedenklicher. Auch neigt ja unsere Zeit vielleicht etwas dazu, die Komödie und das Komödiantische als zweitrangig zu betrachten. Logischerweise, verwandelt doch der Komödienschreiber eine Welt, in der einem das Lachen vergeht, in eine Bühnenwelt, über die er lacht – oft allein. So mag denn das Komödiantische notgedrungen als suspekt erscheinen, der Situation nicht gewachsen. Doch ist dies vielleicht eine Täuschung. Nur das Komödiantische ist möglicherweise heute noch der Situation gewachsen. Wer verzweifelt, verliert den Kopf; wer Komödien schreibt, braucht ihn.

Eines sei hier festgenagelt. Vor allem der Zynismus dem Leben oder den Lebensumständen gegenüber, in welchen man steckt, oder das Weiterwursteln in längst als falsch Erkanntem, verlangt den Ernst, den man der Wirklichkeit gegenüber nicht aufbringt, in der Kunst, den falschen Ernst, das falsche Pathos. Der wahre Nihilismus ist immer feierlich wie das Theater der Nazis. Die Sprache der Freiheit in unserer Zeit ist der Humor, und sei es auch nur der Galgenhumor, denn diese Sprache setzt eine Überlegenheit voraus auch da, wo der Mensch, der sie spricht, unterlegen ist.

Doch was vom Komödienschreiber gilt, gilt auch vom Theater. Die falsche Weihe, die allzugroße Mission, der tierische Ernst schaden auch der Bühne. Wir haben offenbar in Dingen der Kunst bescheidener zu werden, aus dem Tiefsinn aufzutauchen. Die Freiheit liegt jedoch im Realisierbaren, nicht im Unverbindlichen. Darin *scheint* nun ein Gegensatz zu liegen: Das Realisierbare scheint den vollen Ernst einer Sache zu verlangen, das Komödiantische auszuschließen. Gegen diese Forderung sträubt sich die Bühne an sich. Sie ist nicht die Welt, nicht einmal deren Abbild, sondern eine vom Menschen in seiner Freiheit erstellte, erdichtete, erfabulierte Welt, in der die Leiden und Leidenschaften gespielt sind und nicht erduldet werden müssen und in welcher der Tod selbst nicht etwas Schreckliches, sondern nur einen dramaturgischen Kniff darstellt. Sterben ist auf der Bühne immer noch einer der besten aller denkbaren Abgänge, denn das Theater ist an sich komödiantisch, und auch die Tragödie, die es spielt, kann es nur durch die komödiantische Lust an eben der Tragödie vollziehen. Die literarische Unterscheidung zwischen der Tragödie und der Komödie wird von der Bühne, vom Schauspieler her bedeutungslos. Der Dramatiker kann heute nicht mehr von der Bühne abstrahiert werden, die Frage, wie soll er gespielt, ist eins mit der Frage, wie soll er, wie muß er interpretiert, ja gesprochen werden; das Komödiantische ist das Medium, in welchem er sich bewegen muß, aus welchem er, das ist sein Gesetz, sowohl das Tragische wie auch das Komische zu erzielen hat. Dies alles zugegeben. Aber gerade dadurch, daß das Theater Theater ist und nichts anderes, scheinbar das Unverbindlichste, wird es etwas Verbindliches, ein Gegenüber, ein Objektives, ein Maßstab, denn es vermag nur an das Gewissen der Menschen zu appellieren, wenn es dies aus seiner Freiheit heraus tut: das heißt unwillkürlich. In der unwillkürlichen Moralität des Theaters liegt seine Moral, nicht in seiner erstrebten.

Dies, meine Damen und Herren, ist alles, was ich zu sagen habe. Der Rest ist Dank. Ich danke der Schillerstiftung für die Ehrung – nach den vielen Verrissen ist man ja ganz gern auch wieder etwas gepriesen –, Herrn Doktor Weber für seine Rede, die mich etwas verlegen machte, dem Publikum für sein Erscheinen, dem Schauspielhaus für seine Freundschaft und vor allen den Schauspielern für ihre große Bereitwilligkeit, sich immer wieder durch mich strapazieren zu lassen.

Über Balzac

1960

Balzac möchte ich empfehlen. Das riesenhafte Werk des Franzosen (welches in meiner Bibliothek zwischen dem Homer und Tausendundeiner Nacht steht) hat nichts von seiner Bedeutung eingebüßt, nichts von seiner Kraft zu faszinieren. Im Gegenteil. Mit wachsender Entfernung stellt sich erst die eigentliche Dimension dar. Dieses scheinbar planlose und doch so genau konzipierte Durcheinander von Aristokraten, Eheleuten, Bürgern und Kleinbürgern, Bankiers, Dirnen, Heiligen, Sonderlingen, Geizhälsen, Teufeln, Journalisten, Advokaten und Politikern (Reihenfolge ganz zufällig) und was sonst noch das Paris jener Tage bevölkerte, diese unvergeßlichen Gestalten, umbrandet von Elend und gierig nach Reichtum, nach Luxus, nach Ruhm, nach Liebe, diese Menschen aller Klassen, mit denen der große, unbestechliche Epiker wie mit Bällen spielt, bald grausam, bald gnädig, sie bald in die Hölle, bald in irgendein Kloster schickend, doch nie aus Zynismus, nie aus Moral, sondern alle Geschöpfe seiner Phantasie gleicherweise liebend, stets *ihren* Gesetzen folgend, nicht den seinen, wie man ausrufen möchte (wenn dies auch eine Täuschung ist, doch, welche Täuschung!): Kurz, dies alles liest man zwar wohl immer noch mit der gleichen Begeisterung, jedoch mit steigender Bewunderung.

Autorenabend im Schauspielhaus Zürich

Der Mensch muß sich dem Menschen vorstellen, sogar die Wilden murmeln ihre Namen, bevor sie aufeinander losstechen, die Begrüßungszeremonien der Menschenfresser übertreffen an Höflichkeit und psychologischem Raffinement die aller andern Völker. Doch bereitet die Vorstellerei vielen technische Schwierigkeiten. Sie hat sich nach gewissen Regeln abzuspielen, die oft verwechselt werden. Fragen stellen sich. Der Herr der Dame? Wann umgekehrt? Wann überhaupt nicht? Ich stehe vor ähnlichen Schwierigkeiten. Wenn es heute abend meine Pflicht ist, vorzustellen, so muß ich vor allem überlegen, wen ich wem vorzustellen habe. Das Bekannte dem Unbekannten oder das Unbekannte dem Bekannten? Wohl das letztere. Das heißt, ich muß Euch, meine liebe Ingeborg Bachmann, lieber Karl Krolow, lieber Graß und lieber Enzensberger, das Publikum vorstellen. Euch, die Ihr hier als eine Auswahlsendung deutscher Dichter bester Qualität eingetroffen seid. Hoffentlich zollfrei. Ihr werdet diesem Publikum bald entgegentreten müssen. Doch muß ich Euch Schriftstellern nicht nur etwas Unbekanntes, sondern auch etwas Unbestimmtes vorstellen, denn es gibt nichts Unbestimmteres, Vageres als das Publikum, es wechselt ständig und ist doch immer das gleiche. Man müßte schon mit Statistik dahinter, etwa untersuchen, wie viele Prozent Zürcher und wie viele

Prozent Ausländer zugegen sind, um sicherzugehen; man müßte belegen, daß – ich schieße ins Ungefähre – der Anteil an Kritikern 8 Prozent, der an Politikern 12 Promille, jener an Bankiers 6 Promille und jener an Lehrern – wir sind in der Schweiz – 18 Prozent ausmache usw., kurz – die Vorstellerei nähme kein Ende. Wir müssen deshalb auf etwas Sicheres gehen, auf eine Feststellung, die allgemein gilt, und da ist festzuhalten, daß Ihr euch eben in Zürich befindet und daß Ihr euch damit einem zürcherischen, das heißt der Hauptsache nach wohl schweizerischen Publikum ausgesetzt habt. Nun wird man sich aber fragen und werden sich vor allem Sie, meine Damen und Herren, als das vorzustellende Publikum fragen, ob dieser allgemeine nationale Nenner, auf den ich Sie brachte, denn auch am Platze sei, ob es nicht vielmehr ersprießlicher wäre, sich auf einen etwas spezielleren Nenner zu einigen, etwa auf ein Publikum von Literaturfreunden, worauf der Vorsteller doch dann höflicherweise einige positive Hinweise auf das Völkerverbindende der Literatur geben könnte, einige warme Worte auf die ihr innewohnende Kraft, Vater- und Abendländer zu retten. Warum gleich mit dem Schlimmsten kommen, warum gleich mit dem Nationalen? Die Zürcher bilden sich doch im allgemeinen viel auf ihre kleine Weltstadt ein, sie geben sich Mühe, sich wie ein internationales Publikum zu betragen, sie hören es möglicherweise gar nicht so gerne, wenn ich sie nun als schweizerisches Publikum behafte. Auch wir Schriftsteller sträuben uns schließlich dagegen, als Österreicher, als Deutsche, als Schweizer usw. und nicht als etwas Internationales, als ein europäischer Kulturwert angeschaut zu werden. Und dennoch ist eine Nation ja nicht nur etwas

Abstraktes. Dahinter verbirgt sich eine Realität. Ein gemeinsames Schicksal nämlich, denn wir leben nun einmal in einer Welt, in der wir nicht nur durch das bestimmt sind, was uns als einzelnen zustößt, sondern auch durch das, was sich mit dem Staate ereignet, dem der einzelne, ob frei oder widerwillig, zugeordnet ist. Und so wie Ihr als Schriftsteller nun eben einmal ein Schicksal als Österreicher oder als Deutscher habt, so hat dieses Publikum ein Schicksal als schweizerisches Publikum.

Nun ist es gar nicht so leicht, wie man glaubt, Schweizer zu sein, die Position ist zwar eine Ausnahme-Position und steht als Paß hoch im Kurs, aber gleichzeitig kommt dieser Position etwas wenn nicht Genierliches, so doch Komisches zu, und es braucht vor allem eine Tugend, die wir meistens nicht besitzen, nämlich Selbsthumor, um diese Position unbeschadet zu überstehen. Das Publikum nämlich, das vor Euch sitzt, hat mehr als hundertfünfzig Jahre Friede hinter sich gebracht – gewiß: dieser lange Friede ist das Ergebnis einer manchmal klugen Politik, aber nur zum Teil, alles war nicht unser Verdienst, möglich war der Friede hienieden eben doch nur, weil wir *auch Glück* gehabt haben. Nun ist hundertfünfzig Jahre lang Glück Haben etwas Unvorstellbares, das große Los, und so ist es denn menschlich, wenn diesem Publikum die Ahnung aufgestiegen ist, so könne es nicht in alle Ewigkeit weitergehen, die nächste Sintflut müsse auch über unseren Staat hereinbrechen. Damit ist sehr viel erklärt. Der Schweizer ist ein vorsintflutliches Wesen in ständiger Erwartung der Sintflut. Doch spielt ihm hier die Vergangenheit einen Streich. Er leitet sich geschichtlich von Helden ab, seine Vorstellungswelt ist geschichtlich durchaus eine martialische, heldische; daß er im wesentlichen das Produkt zweier Niederlagen ist, der von Marignano und der gegen Napoleon, verdrängt er und feiert die Siege der Ur-Urahnen; sein Unglück ist nur, daß sich dieser Drang zum Heldentum nie ernstlich bewähren konnte, die Weltgeschichte verschonte ihn glücklicherweise immer. Im letzten Moment. So lebt er denn ganz auf den imaginären Augenblick dieser zukünftigen Bewährung hin, beteuert sich unaufhörlich, er werde standhalten. Nirgends findet man so viele potentielle Helden wie bei uns, der Kurs, den unsere Redaktoren und Obersten einschlagen, ist eisenhart, kompromißlos – kurz, Ihr steht einem antediluvialen Publikum gegenüber, Ihr, die Ihr nun einer Generation zugehört, die aus einer Sintflut hervorgegangen ist, einer Generation, deren Erfahrungsbereich und deren Verhalten natürlicherweise anders ist. Wer vor einer möglichen Katastrophe steht, dichtet die lecken Stellen seiner Arche ab, versucht das möglichste zu tun, sein Schiff seetüchtig zu halten; den Schiffbrüchigen dagegen ist nicht mehr das ja untergegangene Schiff wichtig, sondern die Rettungsboote, die möglicherweise herumtreibenden Planken oder gar nur noch die eigene Schwimmkunst, ferner die Seemeilen, die einen vom rettenden Berge Ararat trennen. Treibt *uns* die Furcht, so treibt *sie* die Hoffnung. Alles wird zu einem Versuch, an Land zu kommen. Auch wird in den Katastrophen der Feind als Mensch erkannt, das ist das Merkwürdige, während jene, die in Furcht vor einer Katastrophe leben, den Feind als Feind brauchen, als Phantom, als das absolut Tödliche, und nichts so sehr fürchten wie den persönlichen Augenschein, die persönliche Auseinandersetzung. Wir müssen uns im klaren sein: Diese zwei verschiedenen Erfahrungsbereiche, jener *vor* einer möglichen und jener *nach* einer wirklichen Katastrophe, trennen uns immer noch. Der Dialog zwischen uns ist schwierig geblieben. Wir sehen in unserer Regierung eine Behörde. Opposition ist etwas leicht Unstatthaftes, oft gleich Kommunistisches. Ihr seht in der Behörde die Regierung. Opposition ist eine bürgerliche Pflicht, und deshalb gehört Ihr als Schriftsteller auch der Opposition an. Wir werfen Euch vor, als politische Denker zu versagen, Ihr werft uns vor, uns das politische Denken zu versagen.

Nun wird man sich wundern, daß ich hier politisch geworden bin, geht es doch darum, vier Lyriker vorzustellen, selbst Graß ist ja neben vielem auch Lyriker. Aber gerade weil Ihr Lyriker seid, kann ich erfreulicherweise politisch werden. Der Lyriker kann heute die Politik nicht mehr übersehen, darf sie nicht mehr übersehen; dichten heißt heute mit jeder Art von Politik in Konflikt kommen. Graß und Enzensberger sind ohne ihren politischen Instinkt nicht denkbar, ebenso wenig wie Ingeborg Bachmann ohne den Hintergrund ihrer Philosophiestudien. Es ist eine mutige Generation, der Sie, meine Damen und Herren des Publikums, vorgestellt werden. Es geht ihr darum, sagten wir, Land zu gewinnen. Man erwartet Falsches von ihr, Riesenschlachtenberichte, gewaltige Epen, im Grunde Sensationen. Aber nicht die Katastrophe war ihnen das Wichtige, sondern das Überwinden, das Lernen des Menschenwürdigen, die Schleichwege zur Freiheit, der rettende Handgriff: Heimat war ihnen die Sprache, es gab keine andere mehr. Diesem Erlebnis ist sie treu geblieben, es gibt kein größeres. Darum ist vielleicht das Beste, was diese Generation schuf, das Gedicht. Es ist nicht mehr das romantische,

aber auch nicht mehr das feierliche der George-Zeit oder
das überschwängliche des Expressionismus, es ist das den
Untergängen und Wechseln der Dinge entgegenge-
haltene, menschliche Gedicht, das vom zerbrechlichen,
schwachen Menschen zeugen will, nicht von Helden und
Siegern, von Algabalen und Göttern, es ist die Leucht-
spur eines Meteors auf die photographische Platte ge-
bannt, das Vergängliche im Bleibenden. Es ist das Gedicht, das Zeugnis ablegt von einer Zeit, in der der
Mensch vom Menschen bedroht ist wie noch nie, in der
wir uns von allen Seiten von Unsresgleichen umstellt
sehen. Es ist unsere Zeit, die hier zur Sprache kommt,
deren Rechnung nicht aufgeht, weil unsere eigene Rechnung nicht aufging. Gewiß, ein Gedicht bleibt ein Gedicht; doch je nach dem Ort und der Zeit, an welchem
und in der es vernommen wird, verändert es sich; was
nur schön war, kann mit einem Male notwendig werden,
das Vollkommene kann uns auf einmal richten, uns
fürchterlich, gefährlich werden. Auch diese Generation
hat ihre vollkommenen Gedichte geschrieben, vollkommen: ich sage es bewußt. Denn das Geheimnis des Ge-
dichts ist gerade seine Möglichkeit, vollkommen zu sein.
Sich Gedichten auszusetzen, sie notwendig werden zu
lassen, sich ihnen zu unterwerfen, ist ein Wagnis, nicht
ein Genuß. Sie, meine Damen und Herren, haben zu
entscheiden, ob Sie ein genießendes oder ein wagendes
Publikum sein wollen, es liegt an Ihnen.

Persönliches über Sprache

1967

Ich rede Berndeutsch und schreibe Deutsch. Ich könnte nicht in Deutschland leben, weil die Leute dort die Sprache reden, die ich schreibe, und ich lebe nicht in der deutschen Schweiz, weil die Leute dort die Sprache reden, die ich auch rede. Ich lebe in der französischen Schweiz, weil die Leute hier weder die Sprache reden, die ich schreibe, noch jene, die ich rede.

Diese Sätze sind nicht völlig wahr. In Deutschland redet man durchaus nicht ein ideales Deutsch, in der deutschen Schweiz redet man nur im Emmental so, wie ich rede, und in der französischen Schweiz gibt es viele Deutschschweizer, die so reden, wie ich rede, vor allem viele, die so französisch reden, wie ich französisch rede, rede ich französisch.

Mit meiner Frau und mit meinen Kindern rede ich nur Berndeutsch, und sitze ich mit meinen schweizerischen Freunden zusammen, mit Frisch etwa oder Bichsel, rede ich Berndeutsch, Bichsel Solothurnisch (fast Berndeutsch) und Frisch Zürichdeutsch. Früher antworteten meine Kinder Frisch auf deutsch, sprach er mit ihnen, weil sie glaubten, Zürichdeutsch sei schon Deutsch, eine Pointe, die weder ein Deutscher noch ein Westschweizer versteht. Kommt ein Deutscher dazu, reden wir alle deutsch, weil wir unwillkürlich annehmen, daß der Deutsche das Schweizerdeutsche nicht versteht, obgleich es viele Deutsche gibt, die es verstehen, kommen sie nicht gerade aus dem Norden.

Die Separatisten lachten vor dem Bundesgericht den Bauer aus, dem sie das Haus niedergebrannt hatten, ihre höhere Kultur zu beweisen, er sprach als Berner ein schlechtes Französisch. Sie würden auch mich auslachen, auch mein Französisch ist schlecht. Ich bin zu sehr mit meiner Sprache beschäftigt, um mein Französisch noch zu verbessern. Da die meisten Westschweizer, die ich kenne, kaum Deutsch verstehen und Berndeutsch überhaupt nicht, muß ich mit ihnen mein schlechtes Französisch reden. Das liebe ich, je älter ich werde, immer weniger. So kommt es, daß ich nur noch selten mit meinen welschen Freunden verkehre.

Jede Kultur gründet sich mehr auf Vorurteile denn auf Wahrheiten, auch die westschweizerische. Eines ihrer Vorurteile besteht im Glauben, der Deutschschweizer spreche eine primitive Sprache. Auf dieses Vorurteil gründet sich die westschweizerische Fiktion, kulturell höher zu stehen. Ich persönlich halte vom Westschweizer viel, nur vermöchte ich den Satz, Delémont sei kulturell höherstehend als Burgdorf, nicht zu unterschreiben. Die Bauern besitzen in Europa überall eine ähnliche Kultur, die Lehrer ebenfalls, und bei den politischen Agitatoren sind ihre fixen Ideen das Wesentliche, die sind sich ähnlich; was sie sonst noch an kultureller Bildung aufweisen, ist nebensächlich.

Doch das westschweizerische Vorurteil ist verständlich. Das Französische ist die größte Leistung der französischen Kultur, bewundernswert in seiner Klarheit, eine im wesentlichen abgeschlossene Sprache, und weil das Französische ein Werk der Allgemeinheit ist, bemüht

sich ein jeder, an diesem allgemeinen Kunstwerk teilzu-
haben und seine individuellen und provinziellen sprachli-
chen Züge zu unterdrücken.

Im Deutschen ist es anders. Hier sind die Dialekte
lebendiger geblieben und wirken lebhafter im sprachli-
chen Unterbewußtsein fort. Das Deutsch, das man redet,
und das Deutsch, das man schreibt, unterscheiden sich
stärker. Es fehlt eine Akademie, es fehlt ein kulturelles
Zentrum, es fehlen die Provinzen: Ohne kulturelle Mitte
ist es sinnlos, von Provinzen zu reden. Das Deutsche ist
individueller als das Französische. Deutsch ist eine offene
Sprache.

In vielem ist das Verhältnis des Schweizerdeutschen zum
Deutschen ähnlich wie dasjenige des Holländischen zum
Deutschen. Nur wurde das Holländische zu einer Schrift-
sprache, das Schweizerdeutsche nicht. Auf den Schriftsteller bezogen: der deutschschweizerische Schriftsteller
bleibt in der Spannung dessen, der anders redet, als er
schreibt. Zur Muttersprache tritt gleichsam eine ›Vatersprache‹. Das Schweizerdeutsche als seine Muttersprache
ist die Sprache seines Gefühls, das Deutsche als seine
›Vatersprache‹ die Sprache seines Verstandes, seines Wil-
lens, seines Abenteuers. Er steht der Sprache, die er
schreibt, gegenüber. Aber er steht einer Sprache gegenüber, die von ihren Dialekten her formbarer ist als das
Französische. Das Französische muß man übernehmen,
Deutsch kann man gestalten.

Das ist überspitzt ausgedrückt. Auch das Französische
läßt individuelle Möglichkeiten zu. Was ich meine, läßt
sich an Ramuz und Gotthelf erläutern: Ramuz' Französisch kommt mir wie ein vollkommen gearbeitetes Netz
der französischen Sprache vor, womit er die waadtländi-

sche Eigenart einfängt, in Gotthelfs Sprache sind Deutsch und Berndeutsch verschmolzen. Gotthelfs barocke Sprache entstand wie Luthers Bibelübersetzung: Gotthelf fand sein Deutsch, Ramuz hatte sein Französisch.

Auch ich muß immer wieder mein Deutsch finden.

Ich muß immer wieder die Sprache, die ich rede, verlassen, um eine Sprache zu finden, die ich nicht reden kann, denn wenn ich Deutsch rede, rede ich es mit einem berndeutschen Akzent, so wie ein Wiener Deutsch mit einem wienerischen Akzent spricht oder ein Münchner mit einem bayrischen Akzent. Ich rede langsam. Ich bin auf dem Land aufgewachsen, und die Bauern reden auch langsam. Mein Akzent stört mich nicht. Ich bin in guter Gesellschaft. Die Schauspieler verließen vor Lachen den Saal, als ihnen Schiller vorlas: so schwäbelte der Mann.

Es gibt Schweizer, die sich bemühen, ein reines Deutsch zu reden. Sie reden dann gern ein allzu schönes Deutsch. Es ist, als ob sie, wenn sie reden, bewunderten, wie sie reden.

Manche Westschweizer reden auch ein allzu schönes Französisch.

Wer allzu schön redet, kommt mir provinziell vor.

Die Sprache, die man redet, ist selbstverständlich.

Die Sprache, die man schreibt, scheint selbstverständlich.

In diesem ›scheint‹ liegt die Arbeit des Schriftstellers verborgen.

Es gibt Kritiker, die mir vorwerfen, man spüre in meinem Deutsch das Berndeutsche. Ich hoffe, daß man es spürt. Ich schreibe ein Deutsch, das auf dem Boden des Berndeutschen gewachsen ist. Ich bin glücklich, wenn die Schauspieler mein Deutsch lieben.

Ich dagegen liebe Berndeutsch, eine Sprache, die in vielem dem Deutschen überlegen ist. Es ist meine Muttersprache, und ich liebe sie auch, weil man eine Mutter liebt. Ein Sohn sieht seine Mutter mit anderen Augen: oft leuchtet ihre Schönheit nur ihm ein.

Französisch kann man, Deutsch versucht man zu können.

Könnte ich Deutsch, würde ich berndeutsch schreiben.

Indem ich Persönliches darstellte, kommt es mir vor, als hätte ich dennoch Allgemeines ausgedrückt: welcher Schriftsteller der Welt lebt dort, wo man die Sprache redet, die er schreibt? Die Sprache, die er schreibt, redet nur aus seinem Werk.

Ist der Film eine Schule
für Schriftsteller?

1968

Der Artikel Alexander J. Seilers ›Wirklichkeit als Möglichkeit‹, worin auf einen Aufsatz Günter Herburgers Bezug genommen wird, ist ein Dokument heutiger Filmkritik. Der Ernst, womit der Film ernst genommen wird, ist fürchterlich. Er weckt bei jenen, die noch schreiben, statt am Schneidetisch zu sitzen, Minderwertigkeitskomplexe. Er ist nur mit dem Ernst vergleichbar, mit dem Jazz-Kritiker vom Jazz reden, leider auch sprachlich. Der Jargon tut wissenschaftlich, ohne wissenschaftlich, und logisch, ohne logisch zu sein, oder redet marxistisch, ohne es marxistisch zu meinen. Man begreift zwar ungefähr, was Seiler und Herburger meinen, aber man begreift nicht, warum sie es meinen.

Was meint Seiler zum Beispiel, wenn er die Wirklichkeit als Möglichkeit ausgibt? Die Wirklichkeit ist ein ontologischer, die Möglichkeit ein logischer Begriff. Gewiß, der Kreis des Möglichen ist größer als der Kreis des Wirklichen, aber die beiden Kreise liegen nicht auf der gleichen Ebene, nicht einmal im Film. Sicher ist alles Mögliche möglich, doch nicht alles Mögliche wurde je wirklich oder wird je wirklich werden. Wirklich ist nur, was ist. Das Wirkliche ist das Mögliche, das wirklich wurde und deshalb nicht mehr möglich ist. Wir können die Wirklichkeit nur hinnehmen und konstatieren, aber wir können sie nicht verändern. Die Wirklichkeit ist nur veränderbar, insofern sie noch nicht ist. Wir können versuchen, die Zukunft zu beeinflussen, das ist alles. Mögliches kann wirklich werden, doch Mögliches muß nicht notwendig wirklich werden; unsere Lebenserwartung ist statistisch berechenbar, nicht unser Leben. Wir sind in eine Wirklichkeit geraten, die eine Zukunft hervorzubringen vermag, die wir uns nicht gewünscht haben, auch wenn wir richtig zu handeln glaubten.

Wollte Seiler das sagen? Ich fürchte, solche Gedankengänge sind ihm zu simpel. Zugegeben, die Wirklichkeit ist ein schwieriger Begriff, schon das Konstatieren einer Wirklichkeit stellt unter Umständen für gewisse Wissenschaften ein fast unlösbares Problem dar. Doch auch damit kommen wir Seiler nicht bei. Filmchinesisch ist eine rätselhafte Sprache. Vielleicht wollte Seiler sagen, der Film gebe die Wirklichkeit als Möglichkeit oder die Möglichkeit als Wirklichkeit wieder. Die Frage ist nur, ob der Film so etwas überhaupt kann, falls Seiler meint, der Film könne es. Aber was bedeutet für Seiler Wirklichkeit? Alles Mögliche. Er schreibt, der Schriftsteller müsse beim Schreiben zuallererst eine Wirklichkeit herstellen, indem er sie beschreibe. Diese herstellbare Wirklichkeit finde jedoch der Schriftsteller in jeder beliebigen Form und in jeder beliebigen Menge derart herstellbar, daß sich seine Phantasie, aber auch seine Sprache bei diesem Herstellungsprozeß nicht oder nur beiläufig aufzuhalten brauche. Die Wirklichkeit der Fiktion oder die Fiktion einer Wirklichkeit – beim Schreiben stets schon das Resultat eines Gestaltungsvorgangs und als solches zwangsläufig vorgeformt, vorfixiert durch die Verwendung, die Funktion, den Stellenwert, die ihr zugedacht seien –, diese Wirklichkeit also sei dem Filmautor als reines Rohmaterial geschenkt. Die Wirklichkeit erster Stufe, die der Film hervorbringe, insofern er fiktive oder reale Wirklichkeiten bloß abbilde, sei unwirklich, sei nicht mehr als eine unendliche Reihe von Möglichkeiten, Wirklichkeiten zu schaffen, zu widerrufen, umzuformen und umzuwerten bis zu jener Stufe, die Herburger Utopie nenne. Soweit Seiler. Über solchen Sätzen sollte stehen: Bitte nicht nachdenken. Ein stilistischer Vorschlag: warum läßt Seiler seine bald fingierten, bald realen Wirklichkeiten nicht einfach fallen? Er könnte dann schreiben, im Gegensatz zum Romanschreiber brauche der Filmschreiber nicht zu beschreiben? Der Satz ist eine Selbstverständlichkeit, selbstverständlich, aber muß sie in einer Weise niedergeschrieben werden, die den Anschein erweckt, Wittgenstein sei in ihr verpackt?

Ein anderer Vorschlag: Lessings *Laokoon* wieder einmal zu lesen.

Herburger: er ist nach Seiler »einer der unverbrauchtesten, klügsten und in einem ganz unplakativen Sinn engagiertesten jungen Schriftsteller Deutschlands«. Möglicherweise ist er das wirklich. Trotzdem sollte er sauberer schreiben und weniger in die Tiefe zielen. Tiefschläge sind auch beim Kritisieren unfair. Er behauptet, eine Geschichte sei eine Utopie. Er begründet es damit, daß er mich falsch zitiert. Hätte er mich richtig zitiert, hätte er schreiben müssen: »Wer diese bestürzende Labilität von Sachverhalten endlich bemerkt hat, womit sich die Naturwissenschaften schon längst befassen, doch die Künste erst seit kurzem, der begreift, daß Dürrenmatts idealistischer Moralsatz, eine Geschichte sei erst dann zu Ende gedacht, wenn sie ihre schlimmstmögliche Wendung genommen habe, völlig überholt ist. Eine Geschichte ist erst dann zu Ende gedacht, wenn alle ihre Wendungen überdacht worden sind, wobei die schlimmstmögliche Wendung eine von vielen ist, bestimmt nicht die wichtigste, vielleicht die bequemste. Eine Geschichte ist also eine Utopie.« Bestimmt ist hier bloß Herburger bequem. Hätte er nämlich den Satz so geschrieben, wäre ihm möglicherweise der Unsinn seiner Beweisführung aufgefallen. Die schlimmstmögliche Wendung einer Geschichte kann nur gefunden werden, wenn auch die andern, weniger schlimmen erwogen worden sind. Die schlimmstmögliche Wendung ist eine Wahl, die der Schriftsteller trifft, welche alle andern möglichen Wendungen zur Voraussetzung hat. Doch Herburger behauptet, ich hätte geschrieben, »eine Geschichte sei erst dann zu Ende erzählt, wenn sie ihr schlimmstes Ende erreicht habe«. Mit diesem Taschenspielertrick kommt er zur Schlußfolgerung, eine Geschichte sei erst dann zu Ende erzählt, wenn alle ihre Möglichkeiten erzählt worden seien, eine Geschichte sei also eine Utopie. Herburger hat natürlich recht, niemand erzählt je sämtliche Möglichkeiten einer Geschichte, aber sein ›also‹ stimmt nicht. Eine Geschichte ist nicht eine Utopie, weil niemand alle ihre Möglichkeiten erschöpfen kann, sie ist ›an sich‹ eine Utopie.

Schreibtisch und Schneidetisch

Was geschieht am Schneidetisch? Nichts anderes als das, was auf dem Schreibtisch eines Dramatikers oder auf den Proben zu einem Stück geschieht, ja im wesentlichen ereignet sich nicht einmal etwas anderes als das, was sich beim Entwerfen einer Erzählung ereignet. Es werden Fiktionen ausprobiert, zurückgenommen, widerrufen, neu eingesetzt, umgeformt; am Schneidetisch sieht es nur spektakulärer aus. Handelt es sich um einen Dokumentarfilm, so ist das filmische Rohmaterial ein ›Abbild‹ einer Wirklichkeit, gesehen von einer Kamera und damit schon ausgewählt. Doch im Augenblick, wo ich mit diesem Abbild zu hantieren, wo ich an ihm herumzuschneiden und es umzumontieren beginne, setzt die Fiktion ein, beginne ich schon zu ›erzählen‹. Das Rohmaterial zu einem Spielfilm jedoch stellt das ›Abbild‹ einer Fiktion dar, die ein Regisseur gestaltet und eine Kamera aufgenommen hat. Wie ich den Vorgang auch betrachte, stets ist er ein Versuch zu erzählen. ›Wirklich‹ bei einem Drama, einem Film, einem Roman sind nur die Materien, deren sie sich ›bedienen‹. Wirklich ist der Mann, der den Clown spielt, nicht der Clown, wirklich ist der Schauspieler, der den Hamlet darstellt, nicht Hamlet, wirklich die Bühne, die ein Schloß in Dänemark andeutet, nicht das Schloß in Dänemark, wirklich die Filmleinwand, nicht die Schicksale, die auf ihr abrollen, wirklich das Buch, nicht der Inhalt eines Romans. Ein Drama, ein Film, ein Roman sind Fiktionen, die Fiktionen bleiben, auch wenn sie ›verwirklicht‹ werden. ›Wirklich‹ können diese Fiktionen nie werden. Wer erwartet schon, Ham-

let, Gulliver, Mephistopheles in der Wirklichkeit zu begegnen, etwa an der nächsten Straßenecke? Die erzählenden Künste, worunter ich hier Prosa, Drama und Film
verstehe (um der Einfachheit halber die anderen Künste
auszuklammern), sind zur Fiktion und damit zur Illusion
verdammt. Dadurch sind sie jedoch frei. Sie sind vom
Diktat der Wirklichkeit erlöst.

Man wird mir vorwerfen, ich hätte Seiler und Herburger bewußt mißverstanden, die beiden hätten nicht die
›Wirklichkeit der Wirklichkeit‹ gemeint, sondern die
›Wirklichkeit der Kunst‹; ferner wird man einwenden,
auch meine Feststellung, erzählende Kunst sei immer
Fiktion – auch wenn sie sich dokumentarisch gebe –, sei
eine Selbstverständlichkeit. Sicher. Doch wird leider gerade diese Selbstverständlichkeit am meisten übersehen,
deshalb bin ich in diesem Punkte so pedantisch. Wie ein
Schauspieler ohne den komödiantischen Spieltrieb, Menschen darzustellen, weder Tragödien noch Komödien
spielen könnte, so vermöchte ein Schriftsteller nicht zu
schreiben, ohne die komödiantische Lust in sich zu spüren, Fiktionen aufzustellen, Geschichten zu erfinden
oder mitzuteilen, zu erzählen. Es gibt unendlich weniger
Verzweiflung und Nihilismus in der Kunst, als man
glaubt, und unendlich mehr Humor, auch wenn er oft
nur noch in der Form des Galgenhumors auftreten kann.
Die Welt ist in Unordnung, nicht die Kunst. Der
Schriftsteller erzählt nicht ›irgendwelche‹ Geschichten, er
erzählt Geschichten, die ihn angehen, die sein Fall sind,
das ist sein Engagement, der Fall eines Menschen, der in
eine Welt verstrickt ist, in die wir alle verstrickt sind.
Sogar in Zürich. Wie jeder Denkende ist der Schriftsteller
von der Wirklichkeit herausgefordert, aber seine Ant-

wort auf diese Wirklichkeit besteht im Humor, ihr nichts als immer neue Gleichnisse und Bilderfolgen entgegenzusetzen. Das ist scheinbar wenig. Aber diese zusammengeflunkerten Geschichten, so erstunken und erlogen sie sind, wirken oft mächtiger als manche Wirklichkeit. Sie machen die Wirklichkeit durchschaubar.

Doch heute wird vom Schriftsteller ein anderes Engagement gefordert als das, was er seinem Gewissen gegenüber einzugehen hat. Seine Kunst soll einen Gebrauchsgegenstand für Revolutionäre abgeben. Doch auch die bürgerliche Welt verlangt von seiner Kunst, daß sie ›nützlich‹ sei. Bald soll sie gepflegte Unterhaltung für ein gepflegtes Heim liefern, bald sittliche Bühnenstücke für eine Gesellschaft, die sich für sittlich hält, ohne sittlich zu sein. Verlangen die einen blutigen, fordern die anderen feierlichen Ernst. Mehr noch. Mißverstanden, beginnt der Schriftsteller sich selber mißzuverstehen. Je ausgesprochener die erzählende Kunst notwendigerweise zum Gegenstand der Philosophie und der Wissenschaft avanciert, desto ausgesprochener unterliegt sie der Versuchung, sich selber für eine Philosophie oder eine Wissenschaft zu halten. Auch die Kunst beginnt sich ernst zu nehmen. Zum Schaden aller. Indem sie ihren Humor verliert, die Narrenfreiheit ihres Schaffens, verliert sie ihre einzige Waffe, die sie einer Welt gegenüber besitzen kann, deren zwangsläufige Katastrophen allzu oft von Narren herbeigeführt worden sind.

Kunst und Naturwissenschaft

Auch Seiler und Herburger überschätzen ihre Kunst. Gewiß, die verschiedenen Techniken, die wir heute entwickelt haben, vermittels der Kamera Wirklichkeiten wahrzunehmen, stellen für die Wissenschaft neue Möglichkeiten der Erkenntnis dar, wir brauchen nur an die Astronomie zu denken, deren Riesenspiegel ohne die Kamera unbrauchbar wären. Auch wissen wir heute, wie es auf der Hinterseite des Mondes aussieht, und besitzen Dokumente von der Beschaffenheit der Marsoberfläche, schicken wir doch mit den Raumsonden künstliche Augen in den Weltraum, die unbestechlicher zu arbeiten vermögen als unsere natürlichen Sehorgane. Wenn jedoch Herburger von der »bestürzenden Labilität von Sachverhalten« schreibt, womit sich angeblich die Künste erst seit kurzem, die Naturwissenschaften dagegen schon seit langem befaßt hätten, und damit andeuten will, der Film sei gegenüber den anderen Künsten eine besonders fortschrittliche Kunst, so muß ich ihn doch fragen, auf welche Naturwissenschaft er denn anspiele. Auf die Kernphysik? Auf die Verhaltenslehre? Auf die Biophysik? Ich bin kein Naturwissenschaftler, ich schreibe Komödien, dennoch scheint es mir fraglich, ob es sich bei den Naturwissenschaften um die gleiche Labilität von Sachverhalten handelt, wie sie Herburger am Schneidetisch feststellt, indem er sie herstellt. Entweder beweist Herburger seine These, oder er läßt sie fallen, sonst ist sie Angeberei.

Dem Naturwissenschaftler geht es in seinen Experimenten um die Naturgesetze. Er stellt fest, was sich in einem bestimmten Augenblick unter bestimmten Bedingungen ereignen muß. Ein wissenschaftliches Experiment beweist etwas. Ein künstlerisches Experiment beweist nichts. Der Schriftsteller kann es sich leisten, nichts zu beweisen. Gerade seinen tollsten Hirngespinsten gibt der Lauf der Weltgeschichte oft genug recht. Mit einer gewissen Boshaftigkeit, möchte man fast behaupten, neigt doch die Wirklichkeit bisweilen dazu, den schlimmstmöglichen Weg einzuschlagen. Unbequemerweise.

Wenn sich heute viele Autoren um den Film bemühen, so ist das in Ordnung. Es geschieht aus künstlerischer Neugier. Jede neue Kunstform stellt die andern Kunstformen von neuem auf die Probe. Das alte Illusionstheater ist durch den Film unmöglich geworden, gegen die Illusionsmöglichkeiten kommt niemand mehr an, das Theater hat neue Wege zu gehen und hat neue Wege gefunden. Dennoch hat der Film mit dem Theater mehr zu schaffen, als die ›Filmer‹ (so nennen sich die Leute) wahrhaben wollen. Theater und Film sind ›theatralische‹ Kunstformen, sie ›zeigen‹ den Menschen und die Dinge. Eine Erzählung dagegen ist ihrem Wesen nach anders. In einer Filmzeitschrift las ich den Satz: »Fotografie ist automatisches Schreiben und bringt alle Implikationen mit, die auch das Schriftbild bestimmen.« Diesem Irrtum sind auch Seiler und Herburger erlegen. Das Medium des Schreibens sind die Worte und damit die Begriffe, jenes der Fotografie das Bild. Eine Fotografie kann ein ›Abbild‹ der Wirklichkeit sein, ein Dokument. Sie kann gleichsam nahe an die Wirklichkeit ›heranrücken‹. Doch zwischen den Worten und dem Beschriebenen liegt ein Spielraum, den die Phantasie des Lesers ausfüllt. Dieser Spielraum ist eines der wichtigsten Reservate des

Menschlichen. Ihm zuliebe möchte ich die reine Wort-kunst als die menschlichste der Künste bezeichnen.

Ich schrieb einmal, der Film sei die demokratische Form des Hoftheaters, er habe die Intimität ins Uner-meßliche gesteigert; ich könnte vielleicht hinzufügen, daß er auch die eigentliche kulinarische Kunst von heute geworden ist, die demokratische Form der Oper. Wie man früher im Belcanto schwelgte, so schwelgt man heute in Bildern, wobei sich der Zuschauer in einer idealen Position befindet: er ist dem Film, durch die Eindringlichkeit der Bilderfolgen, ausgeliefert, wie man sonst nur der Wirklichkeit ausgeliefert ist, ohne jedoch die Unannehmlichkeiten zu spüren, die die Wirklichkeit sonst mit sich bringt. Daß einige der hervorragenden Regisseure dagegen ankämpfen, ist nicht zu übersehen. Doch gerade sie sind das Opfer ihrer Kritiker geworden: je mehr der Film ›ernste‹ Kunst geworden ist, je mehr ihn die Gesellschaft akzeptiert, je mehr er wagen darf, was er früher kaum wagte, desto schwieriger wird es für ihn, ein Medium jenes Engagements zu sein, das zu besitzen die jungen Cineasten so überaus stolz sind. Ein gut photo-graphierter Busen, und das ganze Engagement ist zum Teufel, eine Paarung, und kein Mensch denkt mehr daran, die Welt zu verändern. Auch dieses Phänomen liegt im Verhältnis des Bildes zum Begriff begründet. Ein Stab, der sich scheinbar im Wasser bricht, stellt ein ›Bild‹ dar; in ihm sind optische Gesetze ›enthalten‹, diese Ge-setze jedoch sind nur durch Begriffe ausdrückbar. Der Mensch vermag die Wirklichkeit nur zu durchdenken, indem er sie in etwas ›Unwirkliches‹ verwandelt, in Be-griffe.

Der Mensch vermag nur mit ›Gedachtem‹ zu denken.

Es gibt keine ›bildliche‹, es gibt nur eine ›begriffliche‹ Wissenschaft. Auch ein Bild, das die Wissenschaft konstruiert, etwas zu veranschaulichen, ist nur sinnvoll, wenn es durch Begriffe erläutert werden kann. Was von der Wissenschaft gilt, trifft auch auf das ›Engagement‹ zu. Es setzt primär ein Denken voraus, nicht ein Fotografieren.

In seinem letzten Film ist Antonioni ein dramaturgischer Meisterstreich gelungen: er zeigte, wie ein Fotograf durch die Analyse verschiedener Fotos, die er von einem Liebespaar machte, zum Denken kommt: er entdeckt einen Mord. Dieser Vorgang ist deshalb bemerkenswert, weil Antonioni dieses Denken, das ja nur ›begrifflich‹ vor sich gehen kann, von ›außen‹ zeigt: das Stutzen des Fotografen, das ständige Vergleichen verschiedener Fotos, das Ziehen einer Linie, den Ort ausfindig zu machen, wohin die Frau während der Umarmung schaut, das Vergrößern des gefundenen Ortes und so weiter. Ein Bild bleibt ein bloßes Motiv; nur durch das Denken wird es zu einem Hinweis auf eine bestimmte ›Wirklichkeit‹. Ein Engagement, welcher Art es auch immer sei, kann der Film nur dann eingehen, wenn er seine Bildhaftigkeit durchstößt.

Der Film *Lenin in Polen* etwa hat das entschlossen getan. Indem er das Bild vom Wort trennte, das Bild dem Kommentar des Wortes unterordnete. Aber in seiner Weise auch Antonionis *Blow up*, ein Film, der sich hart an der Grenze dessen bewegt, was für den Film als reines Bildmedium noch möglich ist. Seiler sah in ihm »die buntkolorierte Übermalung der Einöde, die in Abwesenheit Gottes zwischen den Menschen gähnt«. Ich verstand ihn als eine Aufforderung, endlich die Wirklichkeit hinter den Motiven der Fotografen und Filmer zu entdecken und den Gründen nachzuspühren, die zu dieser Wirklichkeit führten. Damit sind wir wieder bei der Wirklichkeit angelangt, die wir mit den Fiktionen der Kunst in einen Gegenstand unseres Nachdenkens zu verwandeln suchen, und damit wieder beim Engagement. Beim echten Engagement. Die erzählende Kunst gibt die Wirklichkeit nicht als eine Möglichkeit wieder. Von den Werken der erzählenden Kunst gilt der alte vorsokratische Satz, auf den mich Erich Brock aufmerksam machte: »Das Mögliche ist unmöglich, denn wenn es möglich wäre, wäre es wirklich.« Diese Unmöglichkeit ihrer Möglichkeit ist die ›Wirklichkeit der Kunst‹.

Seiler stellt hervorragende Dokumentarfilme her, und Herburger ist Filmschreiber geworden. Ich halte es für wichtig, daß sich zwei Praktiker über ihr Verhältnis zur Literatur äußern, und ihren Vorschlag für liebenswürdig, die Schriftsteller einzuladen, beim Film in die Schule zu gehen. Ich fürchte nur, daß angehende Schriftsteller beim Film gerade das nicht lernen, was sie zuerst einmal lernen sollten: beschreiben. Darum waren in den Vereinigten Staaten oft große Schriftsteller zuerst Sportjournalisten: um schildern zu lernen. Doch ist Seilers Vorschlag nicht sinnlos: es ist immer noch besser, der Schriftsteller geht zuerst beim Film in die Schule, als daß er gleich bei der Kritik landet: die verteufelt ihn beruflich so, daß er meistens Kritiker bleibt. Kommen wir zum Schluß. Meine Kritik ist mit einer gewissen didaktischen Absicht geschrieben worden: einmal zu untersuchen, was denn bei einer Kritik wirklich und was nur scheinbar gedacht ist. Ich ging daher mehr auf das ein, was die beiden geschrieben haben, und weniger auf das, was die beiden schreiben wollten. Das Resultat ist ziemlich abenteuerlich. Daß auch mir Fehlschlüsse unterlaufen sind, ist wahrscheinlich, auch wenn ich mich bemühte, genau zu zielen. Über die Kunst läßt sich merkwürdig wenig Genaues und kinderleicht viel Ungefähres schreiben. Kritisieren ist ein schwieriges Unterfangen, mehr dem Irrtum unterworfen als ein anderes. Vielleicht ist es auch nur ein Scheingefecht. Dazu kommt die Verführung der Macht. Wahrlich, dieses Metier hat es nicht leicht.

Nachschrift

Den Film *Lenin in Polen,* den ich einst in der Télévision romande sah, führe ich hier an, weil er scheinbar einen treuherzigen, marxistisch frommen Dokumentarfilm darstellt, in Wirklichkeit jedoch (ob gewollt oder ungewollt, lasse ich dahingestellt) eine bitterböse politische Satire ist. Inmitten zerlumpter Polen (deren politische Führer später von Stalin liquidiert werden, was der Film natürlich verschweigt, aber die Eingeweihten wissen) wandelt Lenin stets – auch im Kerker – als ein sauber gepflegter, kleinbürgerlicher Heiland herum. Eine moderne Heiligenlegende als Parodie.

Rede von einem Bett
auf der Bühne aus

1969

Meine Damen und Herren,
ich danke der Temple-University von Philadelphia für
die Ehrendoktorwürde, die mir hier verliehen worden
ist. Damit ist meine akademische Karriere erfolgreich
abgeschlossen, die ich vor 23 Jahren erfolglos abbrach,
um statt der Dissertation ›Das Tragische bei Kierkegaard‹
mein erstes Stück zu verfassen, nicht eigentlich, weil ich
dachte, einen ganzen Unsinn zu schreiben sei besser als
einen halben Unsinn, sondern weil ich darauf kam, daß
man nicht nur mit der Philosophie, sondern auch mit der
Bühne denken kann. Ich verließ die Universität, ohne
meine Studien abgeschlossen zu haben, und mein erstes
Stück verursachte einen Skandal. Von diesem glücklichen
Start lebe ich noch heute: Die Zuschauer pfiffen, statt zu
gähnen.

Seit 23 Jahren bin ich nun Schriftsteller und tat alles,
was ein Schriftsteller tun muß, um mit seinem Job die
Familie durchzubringen. Ich schrieb Kriminalromane,
Kabaretts, Hörspiele, Theaterstücke, und weil man mich
meistens falsch verstand, wurde ich berühmt, das heißt:
ich begann Geld zu verdienen. Nun sitze ich als Ehrendoktor vor Ihnen auf der Bühne und fühle mich nicht
eigentlich kostümiert, sondern akademisch rehabilitiert.
Stehe ich doch gleichsam sinnbildlich vor Ihnen als Stell-

vertreter all jener Komödienschreiber, die nicht den Ehrendoktor bekamen, weil es zu ihrer Zeit noch keine Universität von Philadelphia gab, vor allem als Stellvertreter Aristophanes', Shakespeares, Molières und Nestroys, wenn ich mir auch, im Vergleich zu diesen, wie eine Eidechse vorkomme, der man den Ehrendoktor verleiht um in ihr nachträglich die Riesensaurier zu ehren.

Aus der Kompliziertheit meiner Sätze können Sie entnehmen, daß ich ein deutsch schreibender Schriftsteller, und aus meiner Bescheidenheit, daß ich ein Schweizer bin. Nun ist der Schweizer als Bürger eines Kleinstaates in einem Großstaat wie Amerika natürlich nur taktisch bescheiden, kommt er sich doch wie eine Katze vor, die zufällig in einen Raubtierkäfig geraten ist und nicht weiß, ob sie von den Tigern gestreichelt oder gefressen wird. Auch sonst steht der schweizerische Intellektuelle, zu dem Sie mich ja durch Ihren Ehrendoktor gemacht haben, den Vereinigten Staaten zwiespältig gegenüber. Einerseits fürchtet er sich vor der amerikanischen militärischen und industriellen Weltmacht, wie er sich vor jeder anderen Weltmacht fürchtet, andererseits bewundert er die Selbstkritik, die Amerika, im Gegensatz zu den anderen Weltmächten, immer hervorbringt und die seine Massen in Bewegung setzt. Hier ist Amerika für uns Schweizer ein Vorbild. Amerika ist heute revolutionär, nicht Rußland.

Wie in Amerika begreifen auch bei uns, außer einigen Obersten, immer weniger Menschen den Sinn des Vietnamkrieges, ja den Sinn des Krieges überhaupt. Der Friede ist das Problem, nicht der Krieg. Der Krieg verdrängt die Probleme des Friedens nur, statt sie zu lösen.

Was nun mein Verhältnis zur amerikanischen Literatur

betrifft, so ist es wenig fundiert, aus dem einfachen Grunde, weil ich wenig Literatur lese und selten ins Theater gehe, weil ich selber Literatur produziere und Theaterstücke schreibe und inszeniere. Den tiefsten Eindruck aus der amerikanischen Literatur machte mir Poes *Im Malstrom,* Mark Twains *Menschenfresserei in der Eisenbahn* und jene Szene in *Moby Dick,* wo ein Matrose in den verwesten Leichnam eines längst verendeten Pottwals steigt, um aus dessen Magen das Ambra herauszuholen, das für die Schönheitspflege der Damen so überaus wichtig ist. Diese drei Geschichten stellen für mich Grundsituationen dar, in die der Mensch immer wieder gerät, wie in Homers *Odyssee,* in Cervantes' *Don Quijote* oder in Swifts *Gullivers Reisen.* Diese Grundsituationen zu durchschauen ist wichtiger als die Mondfahrt, die nichts ist als eine Flucht von der Erde und damit eine Flucht vor dem Menschen. Die Literatur verhaftet den Menschen, sie macht ihn zu ihrer Sache, wie die Physik die Natur zu ihrer Sache macht. Darum ist es auch heute gleichgültig, in welcher Sprache die Literatur geschrieben ist. Sie ist Sache der ganzen Menschheit, die amerikanische Literatur beeinflußt die europäische und umgekehrt: jede Literatur beeinflußt jede.

Im übrigen ist noch zu sagen, daß Melvilles *Moby Dick* der einzige dicke Roman ist, den ich zu Ende las, und ich möchte mit dem Credo abschließen, daß ich in Thornton Wilder einen der größten heutigen Schriftsteller sehe.

Meine Damen und Herren, ich danke Ihnen.

Nachträgliches*

1971

1. Der Sinn der Worte ist nicht konstant. Er ist variabel. Er ändert sich je nach dem Zusammenhang, in welchem die Worte stehen. Auch erleidet er durch den, der die Worte verwendet, Modifikationen, die nicht in den Worten, sondern in jenem, der sie braucht, ihren Ursprung haben. An den Worten haftet etwas Subjektives, das sie hindert, rein objektiv zu werden. Sie sind nur ungefähr allgemein verständlich. In den Worten, die doch an sich sozial sein sollten, liegt eine asoziale Komponente, die immer wieder die wissenschaftlichen, ideologischen, gesellschaftlichen, aber auch modischen Begriffsgebäude zertrümmert, die die Worte zu fixieren trachten. Wer in der Sprache ein Material sieht, womit er glaubt, wie mit anderen Materialien experimentieren zu können, bildhauert mit Wolken. Viele Wahrheiten sind nichts als grammatisch konstruierte Scheinwahrheiten. Leerer Worte wegen kamen bisweilen viele Menschen um: Die Sprache ist ein dubioses, mehrdeutiges Verständigungsmittel, das immer wieder Mißverständnisse erzeugt.

*Geschrieben für den Band ›Dramaturgisches und Kritisches. Theater-Schriften und Reden II‹, Zürich 1972. Die in den Bänden ›Theater-Schriften und Reden I und II‹ enthaltenen Texte wurden in der vorliegenden Werkausgabe chronologisch geordnet und nach Themen auf mehrere Bände aufgeteilt.

2. Schreiben ist noch schwerer als Reden und eine Rede das Schwerste. Kann beim Reden ein Wort zurückgenommen, umgetauscht oder erklärt werden, zeigt uns ein Stutzen des Gesprächspartners an, daß wir nicht verstanden werden, daß für ihn unsere Worte einen anderen Sinn besitzen, so verhaftet ein Schreibender das Wort und setzt es damit dem Mißverständnis aus, doch nicht nur das Wort wird durch den, der schreibt, verhaftet, auch wer schreibt, wird durch das Wort verhaftet: Er hat einen Standpunkt eingenommen und kann widerlegt werden. Stellt so das Schreiben ein Wagnis dar, grenzt eine Rede an Tollkühnheit, nähert sich einem leichtfertigen Wahnsinn, den uns nur der Unsinn der Zeit, in der wir leben, stets aufs neue abverlangt. An sich ist eine Rede ein fixierter Moment, nur vom Augenblick aus zu beurteilen, in dem sie gehalten wurde, bloß von dessen Perspektiven, Umständen, Hintergründen, Stimmungen, besonders wenn es sich um eine politische Rede handelt, denn nichts ändert sich so wie ein politischer Standpunkt: Nicht der Opportunismus, die Zeit selbst ändert ihn, führt ihn ad absurdum, läßt ihn paradox erscheinen, nicht wir, die Geschichte begutachtet uns.

3. Das ist allgemein gesprochen, nicht in der Absicht, etwas zurückzunehmen. Wenn in den vorliegenden Band zwei Reden aufgenommen wurden, die in ganz bestimmten politischen Augenblicken gehalten wurden, so stellen sie ein Zeugnis dar, wie ich mich in bestimmten geschichtlichen Augenblicken politisch verhielt; habe ich zur *Rede über die Tschechoslowakei*** nichts hinzuzufü-

---

*In: ›Politik‹. Werkausgabe Bd. 28, detebe 250/28.

gen oder zu mildern, so möchte ich nachträglich zu meiner *Israelrede** bemerken, daß mein damaliger Hinweis, Israel sei genötigt, sich mehr denn ein anderer Staat von der Vernunft statt von der Emotion leiten zu lassen, mir wichtiger als je erscheint. Es gibt auch ein ›Wehe dem Sieger‹, besonders wenn der Sieger ein Kleinstaat ist: er denkt dann nur allzuleicht in Großmachtkategorien. Ferner: Im Fragment *Zur Dramaturgie der Schweiz** beschäftigte ich mich besonders mit dem jurassischen Problem. Inzwischen ist James Schwarzenbach aufgetaucht: Auf seine Bewegung läßt sich vieles von dem, was ich über die Separatisten sagte, mühelos transponieren.

4. Eine weitere Anmerkung scheint mir notwendig, jedoch nicht eine Rede betreffend: Ich fürchte, meine Bemerkungen zur Malerei** könnten deshalb mißverstanden werden, weil ich mit den Begriffen ›Abstrakt‹ und ›Konkret‹ im populären Sinn operiere. Doch ging es mir nicht darum, im Rahmen eines Ausstellungskatalogs diese Begriffe näher zu untersuchen, es kam mir darauf an, einem bestimmten Gedanken nachzuspüren. Nun sind jedoch gerade ›Abstrakt‹ und ›Konkret‹ in Verbindung mit der Malerei relative Begriffe, die sich je nach der dialektischen Retorte verändern, in die sie geraten. Abstrakt nennen wir gewöhnlich ein Bild, das keinen, konkret eines, das einen Gegenstand darstellt; in der heutigen Literatur über Kunst redet man daher lieber über gegenständliche und nichtgegenständliche Kunst. Verfolgt man jedoch die Inhaltsmöglichkeiten, die in den Worten ›Abstrakt‹ und ›Konkret‹ liegen – immer hinsichtlich ihrer

*In: ›Politik‹. Werkausgabe Bd. 28, detebe 250/28.
**Im Aufsatz ›Varlin‹. In diesem Band, S. 174 ff.

Verwendbarkeit auf die Malerei –, so könnte man die Definition wagen, daß ein Bild, das einen Gegenstand darstellt, nur etwas Abstraktes sein kann: Es stellt dem Gegenstand gegenüber, den es abbildet, eine Abstraktion dar. Dagegen wäre die konkrete Malerei jene, die, ohne einen bestimmten Gegenstand abzubilden, die Leinwand mit Formen und Farben füllt, die Malerei, die wir gewöhnlich als abstrakt bezeichnen, nicht etwa Picasso oder der Kubismus, die ja noch auf die Darstellung von Gegenständlichem hinzielen, sondern etwa der Tachismus. Als Definition käme etwa in Frage, etwas verblüffend vielleicht, daß konkrete Malerei jene sei, die nicht nur auf die Darstellung von Gegenständen verzichte, sondern sich auch weigere, eine dritte, die körperliche Dimension vorzutäuschen. Konkrete Malerei wäre demnach eine rein planimetrische Malerei. Diese Gedanken sind in bestimmter Absicht hier formuliert. Unter den vielen Beschüssen von seiten der Kritiker, in die das *Porträt eines Planeten*, mein letztes Stück, geriet, galt einer der häufigsten der Figur des Malers. Man sah in ihm einen Angriff auf die moderne Malerei statt eine Darstellung ihres Schicksals: So wie sich viele dagegen sträuben, nachdem Gott als tot erklärt worden ist, auch ein mögliches Ende der Materie zu denken, ist es für viele eine Beleidigung, daß auch einmal die Kunst ›formal‹ am Ende sein könnte, so daß die Entwicklung, die sie stets progressiv sehen, zwangsläufig wieder rückläufig werden mußte. Die Menschen errichten sich immer wieder ihre gedanklichen Tabus selber.

Kunst

Kunst

1947/48

Daß die Kunst ohne Objekt, daß ihr Ziel in ihr und nicht außer ihr zu suchen sei, ist eine unmögliche Forderung, liegt doch ihr Wert nicht in ihrem Ziel, sondern stets im Wagnis, ihr Ziel, die Objekte, die Welt zu erobern: Im Weg, nicht im Ausgangspunkt oder in der Ankunft, durchaus in ihrem Gefälle, so wie ein Fluß nur dadurch ist, weil er fließt, noch besser, so wie der Sinn der Schiffahrt, ihr Wesen, darin besteht, in See nach einem fremden Hafen zu stechen, und nicht in den Regeln, auf festem Land eine Galeere zu bauen oder auf einer fernen Insel einzukaufen. Die Kunst der Navigation, des Steuerns, macht sie groß oder gering. Dies ist das Abenteuer, das ihr aufgegeben worden ist und das zu bestehen ihre Würde ausmacht. Kunst ist Welteroberung, weil Darstellen ein Erobern ist und nicht ein Abbilden, ein Überwinden von Distanzen durch die Phantasie. (Es gibt keine andere Überwindung von Distanzen, keine andere Fahrt zum Mond, genauer, zur Beteigeuze oder zum Antares, noch exakter: keine andere Überwindung des Abgrunds zwischen den Dingen als durch die Phantasie.) Kunst ist Mut, dies immer wieder zu tun, Beharrlichkeit, nicht abzulassen, Ursprünglichkeit, zu sehen, daß die Welt immer von neuem entdeckt und erobert werden muß. Denn nur dann ist unser Dasein eine Gnade oder ein Fluch und nicht bloß eine mechanische Existenz, wenn wir in ihm die Welt in *jedem* Augenblick gewinnen oder verlieren können. Die Krise der Kunst kann nur darin liegen, daß die Meinung aufkommt – und in welcher Zeit kommt sie nicht auf –, die Welt sei schon entdeckt oder erobert, wenn statt dessen aus der Kunst etwas Statistisches wird, etwa eine Bestandesaufnahme, oder etwas Erklärendes, etwa eine Illustration, oder gar etwas Nützliches, gut für trauliche Stunden am Kamin, zur Verführung einer Frau, zur Verschönerung einer Augustfeier oder zur Bekränzung eines Weltmetzgers.

Zu den Teppichen von Angers

1951

Der fromme Glaube, der die Teppiche von Angers schuf, wissend um die Vergänglichkeit der Welt und dennoch ohne Verzweiflung, da es für ihn, noch wirklicher als der Tod, die Auferstehung gab und das selige Erwachen der Christen auf einer neuen Erde und in einem neuen Himmel nach den Schrecken der Apokalypse, hat einer Angst Platz gemacht, für die das Jüngste Gericht nur noch das Ende bedeutet, eine schauerliche Götterdämmerung der Zivilisation, der, dank der Atombombe, das Nichts folgen soll, das sinnlose Kreisen eines ausgebrannten Planeten um eine gleichgültig gewordene Sonne. Der Trost, daß auch das Zusammenbrechen aller Dinge Gnade ist, ja, daß es die Engel selber sind, die töten, ist der Gewißheit gewichen, daß der Mensch aus eigenem Antrieb ein Inferno der Elemente zu entfesseln vermag, das man einst nur Gottes Zorn zuzuschreiben wagte; und Grausamkeiten werden verübt, die jene des Teufels mehrfach übertreffen. So ist Ereignis geworden, was Offenbarung war, aber es ist nicht mehr ein Kampf um Gut und Böse, so gern dies jede Partei auch darstellt. Die Menschheit ist als ganze schuldig geworden, ein jeder will mit den Idealen auch die Kehrseite retten: die Freiheit und die Geschäfte, die Gerechtigkeit und die Vergewaltigung. Der Mensch, der einst vor der Hölle erzitterte, die den Schuldigen im Jenseits erwartete, hat sich ein Diesseits errichtet, das

Höllen aufweist, die Schuldige und Unschuldige in einer Welt gleicherweise verschlingen, in der sich Gog und Magog nicht als Verbündete treffen, sondern als Feinde gegenüberstehen. Unfähig, die Welt nach seiner Vernunft zu gestalten, formte er sie nach seiner Gier und umstellte sich selbst mit den schwelenden Bränden seiner Taten, die jetzt seine Horizonte röten, ein Gefangener seiner eigenen Sünde. Seine Hoffnung ist nicht mehr jene des Gläubigen, das Gericht zu bestehen, sondern jene des Verbrechers, ihm zu entgehen, und auch der Giftkelch, den er sich selber mischte, soll von ihm genommen werden. Die Zeit ist in eine Wirklichkeit getaucht, die sie mit Blindheit schlägt, denn die Distanz, die zwischen dem heiligen Seher und dem Bilde war, ist dahingeschwunden, und mit diesem unendlichen Verlust, nicht nur an Schönheit, sondern auch an Welt, die Möglichkeit, die Apokalypse ohne jene Verzerrung zu sehen, die sie heute durch die Gegenwart bekommt: die immer düsterer aufsteigenden Wolken der Katastrophen verbergen die Strahlen der Gnade, die immer noch nicht von uns genommen ist. Die wilden Bilder eines Dürer und eines Bosch sind Wirklichkeit geworden, die Wandteppiche von Angers ein verlorenes Paradies, in welchem dem Glauben, der Berge versetzt, möglich war, was uns jetzt, da wir es erleben, wie Hohn erscheint: die Welt auch noch im Untergang in jener Herrlichkeit zu sehen, in der sie erschaffen wurde, Anfang und Ende eine makellose Einheit, das Zusammenstürzen der Städte wie ein Spiel weißer Blüten im Wind, der Tod ein müheloses Hinübergleiten, blumenhaft selbst die Tiere des Bösen, eingehüllt alles in die Lichtfülle des Gottes, dem die Welt nur ein Schemel seiner Füße ist und dessen Kinder wir sind.

Über Ronald Searle

1952

Ob man denn auch eigentlich über Ronald Searles ge-
spenstischen Einfall, Schoolgirls mit den wildesten Lastern zu behaften und sie die scheußlichsten Verbrechen
begehen zu lassen, lachen dürfe, ist eine Frage, die sich
gewiß stellt, doch meistens wohl erst dann, wenn man
gelacht hat. Nun besitzt ja die Karikatur, wie alle Ge-
schosse des Witzes, eine nicht geringe Durchschlagskraft,
und das Lachen ist nicht immer allein ihr Endzweck,
sondern oft nur die Detonation ihres Einschlags (eine
Detonation, die sich dann eben zwangsläufig ereignet).
Das Geschoß jedoch dringt darauf dem Ziel, das es sich
erwählte, mitten ins Herz. So auch bei Searle. Gewiß ist
auch der reine Ulk da, die Harmlosigkeit, der zeichneri-
sche Einfall, doch gerät er unversehens in unheimliche
Bezirke, wie dies vielen englischen und amerikanischen
Humoristen ja eigen ist, man denke nur an Mark Twains
Menschenfresser im Eisenbahnzug, wo die Groteske
unversehens zu einer dämonischen Kritik der amerikanischen Demokratie wird. Die Karikatur ist eine der Waffen des menschlichen Geistes geworden, das ist zu bedenken, eine der Möglichkeiten der Kritik am Menschen,
und ich glaube nun nicht, daß dies so überflüssig ist.
Doch ist damit die Frage nach dem Wesen dieser Schoolgirls noch nicht gelöst. Was hier geschehen ist, läßt sich
genau zeigen, wenn auch nicht erklären. Am besten

wohl, wenn man Searles Vorgehen im logischen Raume wiederholt. Durch den Syllogismus etwa: Die Menschen morden, foltern und trinken, Schoolgirls sind Menschen, also morden, foltern und trinken Schoolgirls. Was wird damit erreicht? Nun, das Bedrohliche, die schreckliche Möglichkeit im Menschen wird durch einen Dreh, wenn man will, durch einen Kniff der Groteske, als etwas Absurdes und gleichzeitig als etwas ›Allgegenwärtiges‹, Absolutes ans Tageslicht gebracht; hier, indem Zeit eliminiert wird, als würde man etwa den Säugling Hitler alle jene Dinge vollbringen lassen, die der Mann Hitler dann vollbrachte. Dies zur satirischen Technik Searles, zu einer Technik, die ja am vollendetsten ein anderer Engländer, Swift, beherrscht hat.

Karikaturisten wie Searle sind vor allem bedeutend durch den Einfall, später erst durch ihre zeichnerischen Qualitäten (die wir durchaus nicht leugnen möchten). Sie gehören der Satire, dem Witz an, das möchte ich noch einmal bemerken, und es ist heute nötig, die Satire in jeder Kunstgattung als eine eigene Kunstart zu begreifen, die ihre eigenen Gesetze besitzt und ihre eigene Ästhetik, gibt es doch heute auch Musik, die zu ihr gehört, und dies wohl viel mehr, als man glaubt. Die Satire ist eine exakte Kunst, gerade *weil* sie übertreibt, denn nur wer die Nuance und das Allgemeine zugleich sieht, *kann* übertreiben. Auch diese Kunst will gelernt sein. So soll man denn in Searle das sehen, was er ist. Vor allem einen echten Komödianten, auch wenn er mit einem Male gar nicht mehr gemütlich ist. Das sind die echten Komödianten nämlich nie. Die beißen. Achtung vor Ronald Searle.

Geleitwort zu Paul Flora's
›Trauerflora‹
1958

Gerne bin ich bereit, die vorliegenden charmanten Idyllen Paul Floras zu rühmen. Wenn auch mit Wehmut. Ich weiß nicht, ob es diese gemütliche und liebenswürdige Art von Totengräbern noch gibt, vielleicht in Österreich, anderswo kaum mehr. Die Zeit ist zu mechanisiert geworden, Großfirmen sind auf den Plan getreten; was die drei im Kleinen betreiben, besorgen Väterchen Staat, die Armee und sonstige Großbetriebe im Grandiosen. Auch gründlicher, zugegeben, doch bei weitem nicht mehr so individuell und so liebevoll dem jeweiligen Kunden angepaßt wie hier. Man könnte nun einwenden, Floras Büchlein sei unzeitgemäß, bestenfalls romantisch, ein Zurück gebe es nicht. Ich muß widersprechen. Wenn wir nicht mehr imstande sind, der heutigen Mechanisation auf diesem Gebiete Einhalt zu gebieten und zu den Kleinbetrieben zurückzukehren, zum ehrlichen Totengräberhandwerk, dürften wir dies alle mit unserer Ausrottung bezahlen. Das sollte klar sein. Es geht ums Ganze. Bis dahin: Viel Vergnügen beim Durchblättern der Zeichnungen Floras.

Vorwort zum Buch von Bernhard Wicki
›Zwei Gramm Licht‹

1960

Was ist Fotografie? Das Handhaben eines technischen Apparats. Was ist Technik? Nach Adrien Turel die Möglichkeit, Prothesen anzuwenden, in unserem Falle: an Stelle des Auges eine Kamera. Er konfrontierte den Menschen mit der erfolgreichsten Bestie der Erdgeschichte, mit dem Saurier, dem Drachen unserer Sagen und Träume. Dieses Reptil, fast gehirnlos, mit seiner Neigung zum Monströsen und Grotesken, manchmal fünfzig Tonnen schwer, über hundertfünfzig Millionen Jahre das herrschende Wirbeltier, gegen dessen Geschichte sich die unsrige etwas lumpig ausnimmt, was die zeitlichen Dimensionen betrifft, variierte im Laufe der noch endlosen Zeit seine Spindelform ebenso entschlossen wie zweckgemäß, paßte sich allem an, dem Lande, den Meeren, den Lüften; bald entwickelten sich die Vorderbeine zu Riesenfledermausflügeln, so daß es als eine Flugmaschine, gewaltige Schatten werfend, dahinsegelte, bald verkümmerten die Vorderbeine zu Greifklauen, während die Hinterbeine mächtig wurden, worauf es nach Menschenart dahinschritt, hochaufgerichtet, donnernd und stampfend, den blutverschmierten Kopf, groß wie ein Volkswagen, sechs Meter über der Erde, dann wieder wuchs sein Hals, schlangenartig, damit es sich, Tang äsend, ins warme Wasser wagen konnte, oder aber es verwandelte

sich gar in einen pfeilschnellen Raubfisch. Dem gegenüber der Mensch. An sich kaum besser als sein Vorgänger. Teils harmlos, teils Raubmensch, bald gesellig, bald
Einzelgänger. Er stieg wohl etwas verlegen von den
Bäumen, müssen wir vermuten, ein Gelächter der Tierwelt, beinahe eine Karikatur, von jedem besseren Raubtier leicht zu verspeisen, von jedem mittleren Gorilla zu
demütigen. Doch kam der genierte Besitzer des entwikkeltsten Gehirns auf den Geist, zuerst sicher nur verblüfft und zögernd, durch Jahrhunderttausende, doch
dann resolut. Er packte an. Was der Saurier stumpf aus
seinem ergiebigen Knochengerüste durch Jahrmillionen
an Panzer, Waffen, Fluggeräten und Fortbewegungsmitteln entwickelte, schuf der Mensch nun frisch in wenigen
tausend Jahren. Aus einem seltenen Exemplar, in einigen
verlausten Horden versammelt, nackt um ein qualmendes
Feuer herum, aus einer raren Sehenswürdigkeit des frühen Quartärs, wurde das erfolgreichste Lebewesen unserer Zeit, das die Erde umzugestalten begann, indem es
sich selbst umgestaltete, umformte. Der Mensch veränderte sich. Nicht durch die Entwicklung seiner Knochen,
durch die Anpassung seiner Form, nicht biologisch, sondern demiurgisch, durch die Prothesen seiner Technik.
Er paßte sich nicht der Natur, sondern paßte die Natur
sich an. Nun fliegt der Mensch, der König der Säuger,
der Saurier unserer Zwischeneiszeit auch durch die Lüfte,
taucht in die Meere, saust über die Erde, bohrt sich in sie
hinein, lauscht, späht, gibt sich kund, tötet bis in die
fernsten Fernen, zischt den Planeten entgegen, schweißt
die Elemente zusammen, nimmt sie auseinander, baut sie
um. Notgedrungen. Technik ist unumgänglich. Die
Menschheit ist explodiert, hat sich ins Milliardenhafte

vermehrt, und so muß nun die Erde immer grundsätzlicher ausgebeutet werden, ihre Pflanzen, ihre Tiere, aber auch ihre Stoffe, ihre Säuren und Basen, ihre Metalle und Mineralien, vor allem aber ihre Energien. War einst die Beschäftigung mit der Elektrizität ein Anlaß zur Naturspekulation, ja, zur Erkenntnis der Gottheit, ist sie längst nackte Lebensnotwendigkeit geworden, und so wird es auch einmal die Ausnutzung der Atomkraft sein, ist es schon geworden, denn nur die Furcht vor ihr hält einstweilen die Menschen davon ab, wie Saurier übereinander herzufallen. Das Paradies genügte, um Adam und Eva zu ernähren, zur Erhaltung von Milliarden scheint die Hölle nötig zu sein. Der Saurier mußte übertroffen werden, nicht unbedingt seine Gehirnlosigkeit, und so droht er uns wieder einzuholen. Sind wir ihm in der grauen Vorzeit wohl mühsam genug entgangen, uns zitternd in Höhlen verkriechend, als die Erde vor dem donnernden Herannahen der letzten Exemplare seiner Rasse noch einmal erbebte, begegnet er uns nun desto schrecklicher in uns selber. Unsere Flucht vorwärts, in den Geist, in die Zivilisation war vergebens. Stand uns der Tyrannosaurus Rex, steht uns nun der Homo tyrannicus gegenüber. Doch gibt es diesmal keinen Fluchtweg mehr. Der Kampf ist auszutragen.

Von diesem ›allgeschichtlichen‹ Aspekte her – den wir hier gehorsam rapportieren – ist nun die Kamera leicht zu bestimmen. Es ist das Auge des Menschensauriers, das uns da anglotzt. Starr und kalt. Seine Fähigkeiten sind erstaunlich. Ob es sich um die fernsten Spiralnebel handelt, dämmerhaft, abermilliarden Lichtjahre fern, die mit all ihren Kugelhaufen, Gaswolken und Überriesen, Cepheiden und Zwergen in jähem Sturze im Raum versinken, oder um die schattenhaften Kohlenstoffatome des Hexamethylbenzol-Moleküls, nur die Kamera vermag sie gerade noch zu erspähen. Das natürliche Auge des Menschen ist der Zeit unterworfen, sein Bild ist flüchtig, die Netzhaut bewahrt nicht auf, ist vergeßlich, läßt sich täuschen, vom Objekt und vom Intellekt, der nur allzuoft sieht, was er zu sehen wünscht, und das nicht Erwünschte unterdrückt. Auch einen allzu flüchtigen Ablauf der Dinge vermag der Mensch nicht mehr zu registrieren. Die Kamera dagegen greift in die Zeit ein, holt den Bruchteil einer Sekunde heraus, bewahrt, fixiert, setzt die Bewegung außer Kurs, zerlegt sie in ihre verschiedenen Phasen, hält den flüchtigsten Augenblick fest, bannt. Sie ist unbestechlich, überscharf, alldurchdringend. Sie zeigt auf, was erscheint. Sie berichtet, was ist. Sie dokumentiert.

Fotografie ist immer Dokumentation. Wo sie uns am meisten angeht, begegnen wie in ihr uns selbst. Im Anderen. Werde ich einmal auch so sein? Warum teile ich nicht dieses Los? Warum habe ich hier nicht geholfen? Diese Fragen bedrängen uns. Fotografie wird zur Dokumentation des Menschengeschlechts. Sie macht unseren Planeten zu unser aller Heimat, denn Heimat ist nur, wovon wir uns ein Bild machen können. Dokumente sagen aus, sie haben nicht vor uns zu bestehen, sondern wir vor ihnen, sie fragen, sie klagen an, sie zeugen vom Menschen, von seiner Furcht, von seiner Freude, von seinen Verstecken und Schleichwegen, von seiner Begierde, von seiner Einsamkeit, von seinem Können und von seinem Versagen. Sie erschüttern durch das, was sie aufzeigen. Wir sind ihnen ausgeliefert, und es ist nötig, daß wir uns ihnen ausliefern. Dem Blick der Kamera ist standzuhalten.

Damit jedoch vor uns ein Papierhändler auftauche, dumpf und schmutzig, ein Atlas unter einem Weltall von Papier, dann wieder das runzlige Antlitz einer Greisin, damit überhaupt alte Frauen wie in bösen Träumen erscheinen, bald neugierig und fett von einem Balkon, bald aufmerksam zwischen Gitterstäben hindurchspähend, erkaltet, ohne Illusionen, voll Vergänglichkeit und Bitternis, oder in vermodertem Pelzmantel Zeitungen aus dem Kehricht fischend, damit sich vor uns die Elephantenpuppe eines Schaubudenmonstrums siegreich und doch gedemütigt aufpflanze wie eine weiße Negergöttin, damit uns bald zwei Teufelskinder schrecken, bösartig, höllenlustig, bald ein Weltmetzger mit seinem geschlachteten Opfer, zufrieden das Riesengewicht auf riesigen Schultern wägend, den Schinderlohn schon berechnend, oder ein feister, asthmatischer Taubengott, später eine kläffende Bestie, mit der Vordertatze in den Bannkreis eines alten Pneus geraten, ferner etwa ein gestrandetes Automobil irgendwo, nutzlos, ausgeweidet, ein Kadaver aus Blech, dann eine Mauer, voller Risse und Schmutz wie eine unendliche Mauer von Zeit, an der einer kauert, über die es kein Hinüber mehr gibt, endlich Bäume wie Korallenriffe, erloschene Laternen, nutzlose Geleise, ein Kind endlich, schlafend, wie achtlos hingeworfen, neben einem Eimer, wenige Kilo Mensch, von niemandem gefragt, und der leere Blick einer Betrunkenen; damit dies alles erscheine, festgehalten werde, auftauche aus der grenzenlosen Anonymität der Menschheit, damit alle diese Bilder und Eindrücke vor unsere Augen geschwemmt werden wie Strandgut, muß die Kamera von jemandem ausgelöst, muß gesehen, muß beobachtet werden. Jeder kann knipsen. Aber nicht jeder kann beobachten. Fotografieren ist nur insofern Kunst, als sich seiner die Kunst des Beobachtens bedient.

Damit kommen wir zum Schluß, vom Beobachteten zum Beobachter. Zu Bernhard Wicki. Daten liegen bei. Ebenso Lebenslauf. Aus einem Schauspieler ist ein großer Filmregisseur geworden, diese Fotografien gehören zu seinen Vorbereitungen. Doch glaube ich darauf hinweisen zu dürfen, daß ich von ihm einige Gedichte kenne. Gute Gedichte. Auch das scheint mir wichtig. Beobachten ist ein elementar dichterischer Vorgang. Auch die Wirklichkeit muß geformt werden, will man sie zum Sprechen bringen. Daß Wicki von diesem Zusammenhange weiß, bezeugen seine Bilder. Sie stellen einen Fischzug ins Menschliche dar, die Beute ist zeitig und zeitlos zugleich.

Über Rosalie de Constant

1961

Rosalie de Constant war ein kleines, buckliges Fräulein, das mit ihrer Familie von Genf nach Lausanne in die Chablière gezogen war und dem Haushalte vorstand, Cembalo und Mandoline spielte, ja sogar komponierte, daneben einen enormen Briefwechsel führte, so mit dem Naturforscher und Freunde Rousseaus Bernardin de Saint-Pierre; aber auch an das schwarze Schaf der Familie Constant, an ihren Bruder Charles »le Chinois« schrieb sie öfters, an einen Pechvogel, dem im Geschäftsleben und in China vieles schiefgegangen war, bis er endlich, nach einem langen Prozeß mit der englischen Admiralität, eine Genfer Bankierstochter heiratete. Das wäre alles an und für sich kaum mehr der Rede wert. Aber 1790 begann Rosalie de Constant mit der Arbeit an ihrem Herbarium, entstanden die ersten Aquarelle eines Werks, das einmal 1251 Blätter enthalten sollte, dessen Vorlagen sie selber in der näheren und weiteren Heimat sammelte. Ein Jahr vorher hatte sich die Französische Revolution angebahnt, dieser mächtige Versuch, die Verhältnisse der Menschen untereinander zu ändern. Später, als das Fräulein immer noch zeichnete und malte, ließ Robespierre die Köpfe rollen, krempelte Napoleon Europa um, kam hoch und ging wieder unter, versuchte man zu restaurieren und zu renovieren. Zwischen den beiden so ungleichen Unternehmen, zwischen dem ruhigen der Westschweizerin und jenem blutigen der Weltgeschichte, scheint es keinen Zusammenhang zu geben; es sei denn, man sehe in dieser leidenschaftlichen Pflanzenmalerei eine Flucht aus der Zeit in die reinen, schmerzlosen Regionen der Flora. Möglich. Doch ist jede Flucht aus der Zeit illusorisch: die Zeit hat uns, nicht wir haben die Zeit. Was wir auch unternehmen, die Zeit handelt durch uns, drückt sich durch uns aus. Die Wege sind verschieden, die Impulse die gleichen. Auch entwickelt sich jede Zeit aus ihrer Vergangenheit, allmählich und eigentlich unmerklich, schleppt noch lange den Ballast des Vergangenen mit sich, all die Irrtümer und Vorurteile der Vorgänger, vermischt es mit dem Neuen. Die Menschheit denkt mit vielen Köpfen. Die Resultate, die sie erzielt, sind nie eindeutig, auch nie einheitlich, sondern vielfältig, sich widersprechend. Alles hängt zusammen. Die Französische Revolution und das Herbarium der Genferin wurzeln beide in der Aufklärung. Rousseau ist für beide wichtig, der ja nicht nur den *Contrat social* schrieb, sondern auch selber botanisierte, dessen *Briefe über die Anfangsgründe der Botanik* für Rosalie de Constant ausschlaggebend gewesen sind. Die Aufklärung führte zu Revolution und Evolution, zu Gewaltmaßnahmen und Erziehungsplänen, zu Marat und Pestalozzi. Jede Zeit ist paradox, bringt ihre Ungeheuer und Heiligen hervor, treibt wilde Schößlinge und verborgene Blüten, schwemmt Unsinniges ans Licht und Gnädiges. Wenn wir heute vielleicht in diesem Herbarium mehr ein rührendes ästhetisches Gebilde erblicken, oder wenn wir geneigt sind, diese Aquarelle fast wie abstrakte Formenspiele zu betrachten, so dürfen wir dennoch nicht vergessen, daß die Westschweizerin nicht als Malerin beurteilt sein will, gar etwa als ›peintre naïf‹. Jede Zeit hat ihre Wissenschaft, ihren wissenschaftlichen Stil, sucht etwas ganz Bestimmtes herauszubringen, weist ihre eigene Neugierde auf. In jener Jahrhundertwende war die Naturwissenschaft noch weitgehend ein Sammeln, Ordnen, Einordnen ins Ganze. Noch war sie der Philosophie untergeordnet, wenn auch mühsam und künstlich. Das Ideal der Zeit war die Gesamtbildung, und so war man denn über alles im Bilde. Aus dem einfachen Grunde, weil es noch möglich war, ›alles‹ zu wissen, weil die Kenntnisse sich noch vom einzelnen Individuum bewältigen ließen. Spezialisten schienen noch nicht notwendig, und wo sie aufgetaucht waren, stießen sie auf Widerstand. Die geistigen Konflikte jener Zeit weisen darauf hin, etwa Goethes hartnäckiger Kampf gegen Newtons Optik. Goethes Farbenlehre war Wissenschaft im Sinne der Aufklärung, ein Beschreiben und Ordnen der Phänomene, nicht ein Erklären, die Optik des Engländers dagegen ist strenge Wissenschaft in unserem Sinne, ein Zurückführen der Erscheinungen auf Naturgesetze, ein Transponieren ins Mathematische, reine Physik und als solche schon abgesondert, weitgehend nur dem Physiker verständlich, dem Spezialisten. Dies vorausgesetzt, ist nun auch unser Herbarium durch ein wissenschaftliches Werk zu würdigen. Es geht Rosalie de Constant nicht um die Anordnung der Zellen, um den osmotischen Druck oder um den chemischen Aufbau des Chlorophylls, aber es geht ihr um die Gestalt der Pflanzen, gleichsam um ihre Individualität. Die Blumen werden porträtiert. Sie begegnen uns als Lebewesen, als pflanzliche Leiber, losgelöst vom Standort, vom Erdreich, vom Humus. Sie sind reine Objekte, immer neue Manifestationen der immer gleichen Lebenskraft. Aber die Wissenschaft mußte weiterdringen, die Gestalt auflösen, analysieren. Auch die Botanik. Sie drang immer mehr ins ›Nicht-Sichtbare‹ vor, tauchte mit ihren Mikroskopen und Elektronenmikroskopen ins Unendlich-Kleine. Ihr Weg führte von der Gestalt, vom Endprodukt des Lebens zu dessen Vorbedingungen, in den abstrakten Bereich des Atomaren. Aber wie weit sich auch die Wissenschaft in dieses schwankende Reich vorwagt, nie darf sie ihren Ursprung vergessen. Sie entstammt der natürlichen Wißbegierde des Menschen, seiner Fähigkeit zu beobachten. Rosalie de Constants Herbarium ist ein allgemeingültiges Werk der Naturbeobachtung, ein klassisches Werk und als solches zeitlos, ein bleibendes Zeugnis des menschlichen Geistes, eine liebenswürdige Schule des Sehens.

Varlin schweigt

Rede zur Verleihung
des Zürcher Kunstpreises
1967

Meine Damen und Herren,
wenn an Stelle Varlins ich hier das Wort ergreife, um für
Varlin zu danken, was doch eigentlich er tun sollte, so ist
das etwas Ungewöhnliches, wie Varlin zugibt und wie auch
ich zugebe. Für mein Reden gibt es nur einen Grund: Varlin
bat mich zu reden, weil er schweigen will. Für Varlins
Schweigen gibt es drei Gründe. Erstens behauptet Varlin,
er sei kein Redner, er sei ein Maler. Auf meinen Vorschlag,
er solle als Dank vor den hier zu seiner Ehrung versammel-
ten Freunden und Gegnern ein Riesenporträt des Stadtpräsidenten malen, meinte er, das wäre dem Stadtpräsidenten
vielleicht nicht recht. Ich wollte daraufhin den Stadtpräsidenten fragen, ob es ihm vielleicht doch recht sei, sah
jedoch davon ab: Das Selbstporträt, das Varlin auf die
Einladung zu dieser Feier abdrucken ließ, ist so außerge-
wöhnlich und stellt Varlin in einem derart außergewöhnli-
chen Festtagskleid dar, nämlich nackt, daß es sogar einen
Stadtpräsidenten von Zürich einschüchtern mußte.

Der zweite Grund für Varlins Schweigen liegt darin,
daß Varlin natürlich reden könnte, so wie er behauptet,
er könne nicht schreiben, und es dann doch kann. Er
befürchtet in Wahrheit, daß er zu gut reden könnte,
würde er reden. Die Bedenken, die er angesichts seiner

rednerischen Begabung empfindet, lassen sich erraten. Wie der letztjährige Preisträger einen Literaturstreit entfesselte, der um die Frage ging, ob sittliche Gesinnung irgendwelcher Art zu einem Dichter gehöre, der den Wandel der Jahrhunderte überdauern möchte, und ob man vom Dichter fordern dürfe, daß er sich einer gegenwärtigen oder künftigen Gemeinschaft gegenüber verantwortlich fühle, so fürchtet jetzt Varlin, daß er, falls er reden würde, einen ähnlichen Malereistreit entfesseln könnte, und deshalb redet er nicht.

Er ist nicht grundlos eingeschüchtert. Die Folgen des letztjährigen Literaturstreites waren nicht unbedenklich, seien wir ehrlich. Nicht bei denen, die sich stritten, die stiegen begeistert in die Arena und fochten mit Heldenmut; wie beim Fußball hätte man Tabellen aufstellen können, wer gegen wen zwei Punkte gewonnen oder verloren, wer gegen wen ein Unentschieden erzielt hatte, und einige stiegen auf, andere ab. Aber die Folgen waren bedenklich bei denen, die sich rühmten, vom letztjährigen Preisträger gemeint worden zu sein, der nicht schwieg, wie jetzt Varlin schweigt. Die Entfremdung unter den Dichtern nahm denn auch zu. Die Rede demoralisierte sie. Freundschaften gingen in Brüche. Frisch und ich verkehren nur noch über unsere Rechtsanwälte. Wie Diggelmann mit mir verfährt, kann man in der ›neuen presse‹ lesen. Hugo Loetscher behandelt mich merklich kühler, vorher standen wir herzlich zueinander. Den berühmten Satz des letztjährigen berühmten Preisträgers: »Wenn solche Dichter behaupten, die Kloake sei ein Bild der wahren Welt, Zuhälter, Dirnen und Säufer Repräsentanten der wahren, ungeschminkten Menschheit, so frage ich: In welchen Kreisen verkehren sie?«

bezog Hugo Loetscher irrtümlicherweise auf sich. Er wies auf seinen Roman *Abwässer* hin. Hugo Loetscher irrt. Der Satz ist ausschließlich auf mich gemünzt. Ich habe in Frau Nomsen eine Repräsentantin der wahren, ungeschminkten Menschheit geschaffen, die nicht nur Abortfrau ist, sondern auch Kupplerin, während Peter Bichsel unglücklich wurde, weil bis jetzt noch niemand auf seine literarische Unsittlichkeit kam. Wie in Frank Wedekinds *Tod und Teufel* ein Dienstmädchen sich bloß deshalb einer anderen Beschäftigung hingibt als der sonst häuslichen, weil es sich von der Lektüre der Schriften gegen Mädchenhandel dazu begeistern ließ, sich als Objekt dieses Mädchenhandels zu verschachern, so hatte die Rede von des schweigenden Varlin letztjährigem Vorredner die Wirkung, daß nun jeder Schriftsteller der unsittlichste sein möchte.

Unter diesem Gesichtspunkte dürfen wir Varlins Schweigen dankbar begrüßen. Ein ähnlicher Streit, unter bildenden Künstlern ausgebrochen, müßte gefährlichere Folgen nach sich ziehen, allein deshalb, weil zum Beispiel den Bildhauern noch ganz andere Waffen zur Verfügung stehen als den Schriftstellern. Denen stehen nur Feder und Tinte zur Verfügung, Kugelschreiber und Bleistifte, und auch eine Schreibmaschine läßt sich im Nahkampf nur schwerfällig einsetzen, wogegen einer, der einen Aeschbacher an den Kopf geschmettert bekommt, kommt er davon, mindestens der Spitalpflege bedarf.

Und so komme ich zum dritten Grund. Varlin schweigt aus Hellhörigkeit – so möchte ich es dem Orte angemessen formulieren, wo wir uns befinden. Denn der Stadtpräsident, in stadtväterlicher Absicht, einen zweiten Streit zu verhindern, läßt Varlin in der Tonhalle ehren. Varlin verstand denn auch den Wink. Ein Maler hat in der Tonhalle zu schweigen, und so schweigt er denn, etwas ungerecht behandelt, auch das müssen wir zugeben, denn wenn ein Maler zugegebenermaßen in der Tonhalle schweigen muß, warum durfte dann letztes Jahr ein Literaturprofessor im Schauspielhaus reden? Ich betrete auch nicht eine Kirche und halte auf der Kanzel eine Brandrede gegen Theologen, die mir nicht liegen. Gerade ein Schauspielhaus ist ein Haus, wo ein Literaturprofessor nur als Zuschauer hingehört, wo er nichts zu sagen hat. Jedem ein Gebäude, wo er reden darf, und eines, wo er schweigen muß. Varlin redet in seinem Atelier und im Niederdorf und schweigt hier, ein Beweis, daß er sich der gegenwärtigen Gemeinschaft verantwortlich fühlt; ob er sich einer künftigen Gemeinschaft gegenüber verantwortlich fühlt, weiß ich nicht. Wenn ich jedoch erlebe, wie er seine Bilder behandelt und auf welche Materialien er sie manchmal pinselt, so zweifle ich, ob sie maltechnisch imstande sind, den Wandel der Jahrhunderte zu überdauern. Doch seien wir getrost. Wir glauben an seine Unsterblichkeit und grüßen im Geiste die Legionen noch ungeborener Restauratoren, die einmal fassungslos vor den Überresten seiner Malerei stehen, sie wiederherzustellen.

Das alles zugegeben, ist Varlins Schweigen dennoch bedauerlich. Ich habe die Frage, die der letztjährige Preisträger stellte, nie begriffen. Vielleicht hätte Varlin mir mit seiner Rede, die er jetzt nicht hält, helfen können, die Rede zu verstehen, die gehalten wurde. Er hätte Auskunft geben können, ob sittliche Gesinnung irgendwelcher Art auch zu einem Maler gehöre? Ob er mit sittlicher Gesinnung male oder ohne?

Varlin schweigt.

Ich bin nicht gegen eine sittliche Gesinnung. Ich halte es für eine Pflicht, daß sich ein halbwegs zivilisierter Mensch eine anständige sittliche Gesinnung aneignet, die unzivilisierten Menschen besitzen sie ja ohnehin, und ich stellte auch bei Varlin starke Spuren einer anständigen sittlichen Gesinnung fest. Nur: Malt er damit?

Varlin schweigt.

Auch ich bin bereit, jederzeit mit Werner Weber ein Duell in anständiger sittlicher Gesinnung auszufechten. Ich weiß nur nicht, wie ich mit meiner anständigen sittlichen Gesinnung schreiben soll. Nicht, daß sie mich stören würde, sie steht auch nicht vorwurfsvoll neben meinem Schreibtisch, nein, sobald ich schreibe, entfernt sich meine sittliche Gesinnung taktvoll und spielt keine Rolle mehr. Geht das nur mir so? Diktiert sie anderen? Führt sie Varlin beim Malen den Pinsel?

Varlin schweigt.

Schreiben hat mit Phantasie zu tun, mit Vorstellungskraft, mit Beobachtung, mit Spieltrieb und mit viel Unbewußtem auch beim Bewußtesten. Spielt das alles beim Malen auch eine Rolle?

Varlin schweigt.

Schreiben ist ein Entdecken des Menschlichen in jeder Gestalt. Wie Sokrates in einem Verbrecher sich selber in seiner Möglichkeit sah, so spürt der Schriftsteller in jedem Menschen den Menschen auf, das Besondere, das Einmalige, er liebt, indem er schreibt, seine Gestalten gleichsam kreatürlich, seien sie nun gut oder böse, er liebt sie als seine Geschöpfe, nicht als ein Allgemeines, das den Menschen nicht zum Menschen macht, sondern zu einem zoologischen Begriff, zu einem Primaten. Ist das beim Malen anders?

Varlin schweigt.

Hat vielleicht die Kunst doch nichts mit einer sittlichen Gesinnung zu tun, die in ihr läge oder im Maler oder im Schriftsteller, doch alles zu tun mit der sittlichen Gesinnung der Gesellschaft? Ist die Gesellschaft der Gegenstand der Kunst geworden und malt darum Varlin ausschließlich Menschen, Gebäude von Menschen und Gegenstände von Menschen wie einen Autobus und einen Regenschirm?

Varlin schweigt.

Ist nicht die sittliche Gesinnung einer Gesellschaft davon abhängig, inwieweit die Organisation dieser Gesellschaft sittlich zu nennen ist? Bewegt diese Frage die heutige Welt und damit die Kunst, und hat deshalb die Frage nach der sittlichen Gesinnung der Künstler, so ernst sie auch gemeint war, etwas Komisches? Müssen wir nicht besonders den Gesinnungen gegenüber mißtrauisch sein, denn welche Gesinnungen wurden schon für sittlich erklärt und für sittlich gehalten? Hat vielleicht Schiller die sittlichen Energien nicht vermehrt, sondern gemindert? Hat er die Sittlichkeit zu allgemein und zu erhaben gesehen? Hat er ihr vielleicht damit einen Reklamewert für jede Möglichkeit gegeben, angeblich in ihrem Namen und im Namen der Freiheit alles mögliche zu treiben, selbst Scheußlichkeiten großen Stils? Haben die Klassiker Weimars wirklich nichts mit dem Nationalsozialismus zu tun, und ist es eine Gotteslästerung, diese Frage zu stellen? Müssen wir an die Klassiker glauben? Schufen sie *nur* Meisterwerke? Auf die Malerei bezogen, gibt es keinen schlechten Tizian, keinen mittelmäßigen Rembrandt, so wie es hin und wieder auch einen schlechten Varlin gibt?

Varlin schweigt.

War die heile Welt der deutschen Klassiker Wirklichkeit, oder war sie eine Flucht aus der Wirklichkeit? Ist
ihre heile Welt vielleicht bloß eine Fiktion einer gewissen
Literaturwissenschaft? Könnte man nicht ebensogut, nur
logischer, von einer heilen Welt der Mathematik oder
von einer heilen Welt der Chemie oder einer heilen Welt
jeder Wissenschaft sprechen, und warum tun es die anderen Wissenschaften nicht? Ist vielleicht eine Literaturwissenschaft, die von einer heilen Welt des Geistes spricht,
gar nicht mehr Wissenschaft, sondern eine Art Literatur-
theologie? Konzipierte auf der anderen Seite der Marxismus die Sittlichkeit nicht zu einseitig, und ist seine Kunst
dadurch so grausig verspießert? Warum verlangen totale
Staaten und totale Gedankensysteme von der Kunst stets
Vorbildliches, Positives, und warum verlangt man es
auch in Zürich? Wird Varlin nicht als Nihilist bezeichnet,
als ein negativer Maler?

Varlin schweigt.

Heißt: »Sir, geben Sie Gedankenfreiheit!« nicht auch:
»Sir, geben Sie Kunstfreiheit!«? Besteht möglicherweise
die Aufgabe einer wirklichen Demokratie darin, eine
Gesellschaftsordnung zu entwickeln, die menschlich ist,
ohne ins Allzumenschliche zu korrumpieren, und sittlich
bleibt, ohne unmenschlich zu werden; und stehen nicht
sogar die marxistischen Staaten im Grunde vor demselben Problem? Ist eine Demokratie vielleicht nur möglich,
wenn sie durchführbar und damit nachweisbar ist?
Braucht deshalb die Demokratie die Kunst als Korrektiv,
als hartnäckigen Darsteller der guten und schlimmen
Möglichkeiten des Menschen? Braucht sich die Demokratie gerade darum nicht um die sittliche Gesinnung der
Maler und Schriftsteller zu kümmern, weil sie in der

Kunst die Möglichkeit einer Selbsterkenntnis sieht und nicht die Möglichkeit einer Selbstbewunderung? Ist vielleicht unsere heutige Kunst eine demokratische Kunst, die nicht dem Dogma des sozialistischen Realismus gehorcht, während die Weimarer Klassik und die bürgerliche Kunst, die sie zeugte, eine versteckte aristokratische Kunst war, eine kleinaristokratische Kunst, wie man fast sagen möchte? Ist vielleicht daher ein Varlin nur in einer Demokratie möglich, und ist er damit eines der Beweisstücke, daß wir doch noch eine Demokratie sind?

Varlin schweigt.

Mögen diese Beweisstücke nicht Relikte werden. Meine Rede ist imaginär. Man wird mir vorwerfen, ich hätte sie gehalten, um mich durch Varlin auszudrücken, möglich, Varlin hat mich porträtiert und sich damit auch durch mich ausgedrückt. Sicher, Varlin wäre auf alle die Fragen kaum eingegangen, die mich beschäftigen, hätte er seine Rede gehalten. Er hätte sich höchstens begnügt, die Rede seines letztjährigen Vorredners informativ zu ergänzen, diesem freundschaftliche Auskünfte über jene Kreise zu geben, die dieser nicht kennt, oder hätte ihm klargemacht, daß es für einen Maler, der Menschen darstellt und nicht die reinste, herrlichste Menschheit, in Zürich keine Kreise gibt, sondern nur einen Kreis 1, wo sich Varlins Atelier befindet, oder einen Kreis 4, wo Varlin lange Jahre lebte. Denn es gibt wahrscheinlich noch einen vierten Grund, weshalb Varlin nicht redet. Vielleicht findet er jeden Streit über Malerei und Literatur unsinnig. Vielleicht ist er der Meinung, daß wir uns selber den Weg zu einer Kunst versperren, wenn wir an sie Forderungen stellen. Vielleicht ist er der Ansicht, daß wir der Kunst gegenüber mehr Spaß und Neugier empfinden sollten. Vielleicht glaubt er, daß wir die Kunst wie ein Naturphänomen hinnehmen, daß wir sie mehr lieben als richten, daß wir ihr gegenüber weniger Ästheten und Moralisten, sondern gleichsam Naturwissenschaftler sein sollten, bemüht, nicht hinter ihre Stile und sittlichen Nutzwerte, sondern hinter die Gesetze zu kommen, die immer neue Inhalte und Formen hervorbringen; und vielleicht ist er gar überzeugt, daß in Zürich nicht die Künste, sondern die Wissenschaften, die sich angeblich mit den Künsten beschäftigen, Gefahr laufen, ein Luxusartikel des Wohlstandes zu werden.

Doch verlassen wir die Spekulationen über eine Rede, die nicht gehalten wurde. Kommen wir zum Sinn dieser Ehrung. Es gilt als kein gutes Zeichen, wenn Ratten ein Schiff und Künstler eine Stadt verlassen. Das zu verhindern, hat, wie andere Städte, auch Zürich einen Kunstpreis geschaffen und sich dabei, für schweizerische Verhältnisse, besonders angestrengt, in der Weise, daß seine Finanzen den Preis zwar nicht spüren, aber die Preisträger dankbar sein dürfen, ohne zu erröten.

Doch kommt der heutigen Ehrung noch eine andere Bedeutung zu. Es ist nicht immer leicht, als ein Nichtzürcher Zürich zu begreifen, dennoch ist auch für einen Berner die behutsame, kulturpolitische Nuance spürbar, die zu der heutigen Ehrung führte. Ehrte die Stadt letztes Jahr den, der sie so möchte, wie er sie wünscht, so ehrt sie heute den, der sie so malt, wie sie ist. Zürich stellt, wenn auch keine Weltstadt, doch eine Welt dar: wie diese, im Schwung zu bleiben, einen Gott und einen Teufel benötigt, braucht Zürich einen Staiger und einen Varlin. Beide Ehrungen sind denn auch gleichsam theologische Vorsichtsmaßnahmen, eine zage Bitte an die beiden Lokalgötter, damit der eine die Stadt nicht allzu sehr versittliche und der andere sie nicht allzu sehr verteufle. Hoffentlich kommt diese Bitte nicht zu spät. Varlin kehrt Zürich bereits etwas den Rücken zu. Er ist nach Bondo gezogen; und fehlt einmal ein Stein des Anstoßes, fehlt ein Eckstein: ein Zürich ohne Varlin läuft Gefahr, seiner sittlichen Gesinnung zum Opfer zu fallen.

Doch kommen wir zum Dank. Wir danken Manuel Gasser für seine Worte, er hat sich, wie keiner, seit Jahren unbeirrt für Varlin eingesetzt; wir danken dem Stadtpräsidenten für seine Preisübergabe, und wir danken der Stadt Zürich, daß sie Varlin geehrt hat und damit auch ein wenig seine Freunde: es ist eine kleine Schar. Auch danken wir Varlin, daß er, der siebenundsechzigjährige junge Vater, den Preis entgegennahm. Ich weiß, daß es ihn freut, aber ich weiß auch, daß es ihn dennoch etwas traurig stimmt. Er hatte es lange nicht leicht in und mit dieser Stadt, die und deren Bewohner er mit mehr Humor als Bitterkeit so unvergleichlich schildert.

Doch will ich nicht mit einem Mißklang schließen. Der letztjährige Preisträger schloß seine Rede mit der Aufforderung, zu Mozart zurückzukehren, und so rufe ich denn auch: kehren wir zu Honegger zurück! dessen Klängen wir uns zwar getrost, aber dennoch mit einem nicht ganz guten Gewissen überlassen, hatte sich doch Varlin zu seiner Feier Heilsarmeemusik gewünscht.

Varlin

1969

An jenem Nachmittage in seinem Zürcher Atelier, als
Varlin mich zum ersten Male porträtierte, imponierte
mir die Hartnäckigkeit, mit der er eine Leinwand
(2 × 1,4 m), die immer wieder hinfiel, in den freien Raum
zu stellen versuchte. Er malte ohne Staffelei und schaffte
es endlich auch. Möglich, daß die Leinwand nicht ganz
frei stand, möglich, daß sie sich irgendwo und irgendwie
an die Mauer oder an einen Sessel lehnte, doch einem
anderen als Varlin wäre sie immer noch hingefallen. Er
schien beim Malen kaum die Leinwand zu berühren. Er
malte mich als eine Mischung von Ganghofer und Nero
(möglich, daß Varlin damit, listig wie er ist, eine literarische Kritik verpackte).

Als er mich zum zweitenmal porträtierte, hatte er, wohl
unzufrieden mit seinem ersten Versuch, plötzlich Schwierigkeiten. Er beschloß, mich zu zeichnen. Den Wänden
seines Ateliers entlang staffelten sich die Bilder, auf einem
Tische türmten sich Unmengen von Speisen: Bündner-
fleisch, Schinken, Cervelats, Sardinen, Käse, Brötchen,
wohl als Lockmittel für mein Modellsitzen gedacht, doch
ein Papier zum Zeichnen ließ sich nicht auftreiben.

Nicht nur mein Kopf machte ihm zu schaffen. Er
plante, mir einen Hintergrund zu geben. Er hatte einmal
einen spanischen Friedhof gemalt, ein Riesengemälde,
dessen Bruchstücke zwischen den dagegen gestellten Bildern sichtbar waren. Vor dieses triste Monumentalwerk

wollte er mich postieren. Vertrauter mit mir geworden, sah er dann davon ab. Er malte nur noch mich (als Sitzenden, einem surrealistischen Oscar Wilde angenähert, der Hochhuths Churchill spielt, ein Glas Whisky in der einen und eine Zigarre in der anderen Hand). Als ich ihm Monate später über den Weg lief, starrte er mich vorwurfsvoll an. Ich sei gar nicht so dick, wie er mich gemalt habe, brummte er. Ich hatte wieder einmal vor seiner Kunst nicht bestanden. Nach einer Aufführung der *Wiedertäufer*, die er mit meinem Verleger besucht hatte, gratulierte er mir herzlich. Er habe wunderbar geschlafen, sagte er begeistert. Als ich ihn darauf in seinem Atelier besuchte, hatte er den Hintergrund eines Porträts frisch überstrichen. Mit einem knalligen Cadmiumgelb. Ich hatte das Porträt immer geliebt, es stellte ein aufgedonnertes italienisches Dienstmädchen dar, eine Sophia Loren der Küche. Ich war über das neue Gelb entsetzt und sagte es ihm. Ziemlich deutlich und ziemlich grob. Er war auch leicht bestürzt. Er habe vorhin noch Cadmiumgelb auf der Palette gehabt und es irgendwo anbringen müssen, erklärte er das Unglück. Überhaupt könne man mit den Bildern nicht grob genug umgehen, Cézanne habe die seinen in die Bäume hineingeschmissen.

Das dritte Porträt von mir entstand bei mir in Neuchâtel. Er hatte eine leere Leinwand aufgetrieben, brauchte meine Staffelei und meine Deck- und Ölfarben, hatte daher bloß die Farbskala eines Amateurs zur Verfügung, dazu ein Licht, das ihm nicht entsprach, so daß er schließlich, mit dem Rücken gegen das Fenster, unmittelbar neben mir stand, der ich in einem roten Ohrensessel saß. So war er zwar im richtigen Lichte, aber ohne

Distanz. Er malte einen Nachmittag lang. Darauf, in meinem Arbeitszimmer, saßen wir bis tief in die Nacht hinein: Varlin, seine Frau Franca, der Schauspieler Ernst Schröder (den er vormittags mit blitzartiger Geschwindigkeit gemalt hatte), ein Freund, meine Frau und ich. Wir tranken Bordeaux. Vor uns mein Porträt. Auf diese Weise mir selbst gegenüber, geriet ich in Galgenhumor, kritisierte, amüsierte mich über den Kropf, den Varlin mir auf dem Bilde angedichtet hatte (unbeabsichtigt, weil er beim Arbeiten auf mich hinuntergeschaut hatte). Varlin nahm eine Kohle, verbesserte, aber nicht am Kropf, sondern an den Augenbrauen, behauptete, nur die Nase stimme noch nicht, und anderntags, nach dem Mittagessen, wie alle zu einer Reise um den See aufbrechen wollten, machte er sich wieder dahinter. Ich mußte aufs neue sitzen, die andern warteten. Nach der Nase begann er alles zu ändern. Ich saß bald schon wieder seit zwei Stunden, die Hitze wurde unerträglich, ich wurde böse, endlich bösartig, hatte immer wieder das Hemd zu wechseln, weil ihm die Farbe nicht paßte, unser kleiner Hund mußte auf meinen Schoß, eine andere Pfeife in meinen Mund, dann keine, dann noch eine andere, der rote Ohrensessel wurde eliminiert, der Freund sauste mit dem Wagen immer wieder nach Neuchâtel hinunter und kam immer wieder mit neu gekauften Farben herauf, Varlin fluchte, ich fluchte, das Hündchen zappelte, die Frauen reinigten im Badezimmer Pinsel: Varlin malte wie ein Besessener, stehend, ohne sich je hinzusetzen, sieben Stunden ununterbrochen, bald verzweifelt, bald begeistert, ein Maler im Kampf mit seinem Gegenstand.

Einmal zeigte er mir ein großformatiges Bild, einen Riesensäugling in einem Riesenkinderwagen. Er beklagte sich, daß manche sich über diese Bild ärgerten, verteidigte sich leidenschaftlich gegen den Vorwurf einiger, daß seine Malerei Karikatur sei.

Zugegeben: Varlin läßt sich in den gegenwärtigen Gang der Malerei nicht so ohne weiteres einordnen. Er ist ein Fall. Der Fall eines Malers, der ins fotografische Zeitalter geriet.

Die Fotografie ist ein Abbild der Realität, aufgezeichnet durch einen technischen Apparat. Sie ist etwas Objektives, durch ein Objekt festgehalten. Sie konserviert den Augenblick, bannt eine Sekunde, eine Hundertstelsekunde. Die Kamera ist ein wissenschaftliches Gerät, die Fotografie das Resultat eines physikalisch-chemischen Prozesses.

Die Erfindung der Fotografie trieb die Malerei ins Absolute, ins Nur-Malerische, trieb sie in die reine Form, ins Abstrakte und damit in eine Kette von Revolutionen (die oft nur Variationen sind), die einander ablösen und entwerten, trieb sie in eine Inflation der Theorien und Kunstphilosophien. Die Malerei überließ das Dokumentieren der Technik. Die Welt als Erscheinung, als Ereignis, als Prozeß wird im Bilde nur noch durch die Fotografie dokumentiert. Die abstrakte Malerei ist ein Dokument einer Möglichkeit des Intellekts und des Gefühls: Sie ist innerliche Kunst. Die Frage ist aufzuwerfen, ob die Fotografie den Menschen genügend dokumentiere, ob die Malerei mit ihrem Rückzug aus der Dokumentation nicht eine Lücke hinterließ? Anders gefragt: Ob die Porträtmalerei, genauer, ob eine nicht innerliche Malerei, oder, auf unseren Fall bezogen, ob Varlins Malerei heute noch einen Sinn habe, denn alles, was Varlin malt, ist Porträt, seien es Menschen, Autobusse, Irrenanstalten, Kasernen oder gar eine Vespasienne.

Der Mensch lebt und erlebt nicht wissenschaftlich. Erleben braucht Zeit. Das Erlebte mündet im Gedächtnis, das Gedächtnis sinkt ins Unbewußte. Das Erlebte wandelt sich und wird nachträglich wirksam. Das Gedächtnis ist nicht unfehlbar, das Unbewußte nicht objektiv. Die Ereignisse, die uns zustoßen, die Personen, die unsere Erlebnisse bewirken, bleiben nicht haften, wie sie waren, wir erinnern uns ihrer, wie wir sie gedeutet haben und wie wir sie nachträglich deuten. Unsere Erinnerungen werden von unserem Gedächtnis entlassen, nachdem sie aus unserem Unterbewußtsein verwandelt wieder aufgetaucht sind wie aus einer Unterwelt.

Malen als Porträtieren ist ein Erleben, nicht ein Fotografieren, mehr einem Erinnern vergleichbar als einem Abbilden. Zu den Dokumenten der Apparate über den Menschen brauchen wir die Zeugnisse der Menschen von Menschen. Das Konkrete ist das Primäre, das Abstrakte das Sekundäre. Die Welt ist im Konkreten enthalten, im Abstrakten als Erscheinung eliminiert, aber als Form rekonstruiert. Das Konkrete des Menschen ist seine Individualität, seine Einmaligkeit. Die Trift, in die unser Denken geraten ist, zwangsläufig, liebt das Individuelle nicht. Unsere Zeit ist zur Abstraktion genötigt (wissenschaftlich, ökonomisch, politisch). Sie braucht das Berechenbare, sie muß endlich zu planen lernen. Das Individuelle ist unberechenbar, störend, aber vorhanden. Die Malerei kann die Tendenz der Zeit wiederholen oder sich ihr widersetzen, aber sie kann ihr nicht entfliehen. Es gibt auch bei ihr kein Zurück zu Mozart. Die Malerei kann abstrakt oder konkret sein, aber nicht mehr romantisch. Sie kann nur noch auf ein Allgemeines, auf Gesetze und Formen zielen oder auf ein Individuelles. Das Individuelle ist nur dann romantisch und damit bürgerlich, wenn es sich als etwas Absolutes setzt und nicht als einen dialektischen Gegenzug begreift, den eine notwendige Konstellation erzwingt. Das Individuelle und damit das Konkrete als Ziel der Malerei ist heute nur noch als eine notwendige Opposition möglich, als Korrektiv zur Tendenz der Zeit, damit diese nicht unmenschlich werde. Das Individuelle, als Idylle oder als Anarchismus verstanden, ist nichts als eine überflüssige Reaktion gegen die Zeit.

Varlins Malerei ist möglich. Damit lautet aber die Frage, ob es wirklich auch heute noch eine Malerei gebe, welche die Tendenz der Zeit wiederhole, wie wir behauptet haben. Im Sinne des sozialistischen Realismus sicher nicht. Die Malerei könne abstrakt oder konkret sein, aber nicht mehr romantisch, schrieben wir. Stimmt dieser Satz? Fordern wir weniger. Vermag wenigstens die abstrakte, ungegenständliche Malerei eine Illustration der Tendenz des wissenschaftlichen Zeitalters zu sein? Ist nicht gerade die Malerei, die doch nur reine Innerlichkeit sein kann, in Wahrheit romantisch und damit eine Flucht aus der Zeit? Die Atomphysik etwa ist so abstrakt, wie die Malerei gar nicht sein kann. Die abstrakte Malerei flüchtet aus der Zeit, indem sie ihr nachhinkt. Sie bleibt einfach zurück. Womit aber die Frage nach dem Wesen einer Malerei, die die Tendenz unserer Zeit wiederholt, noch nicht beantwortet ist. Hier wäre wahrscheinlich auf Picasso hinzuweisen. Er wiederholt die Tendenz der Zeit, indem er eine Welt konstruiert. In den Kunstrichtungen, die das zu leisten vermögen, haben wir Varlins echte Gegenspieler zu suchen.

Zu Varlin zurück: Die porträtierende Malerei kann den

Menschen entweder idealisieren oder kritisieren, doch
gab sie meistens dem Kunden nach und malte den Menschen, wie er sich sehen wollte, und nicht, wie ihn der
Maler sah. Nicht ausschließlich, gewiß nicht, wer denkt
nicht an Goya usw. Doch sonst malte man die Mächtigen
erhaben, doch nicht blutig, so wie man die Götter malte,
schön, doch nicht fürchterlich. Man akzeptierte die Sy-
steme der Gesellschaft, spielte mit. Malte man einen
würdigen General, malte man einen General, dem sein
Beruf Würde verlieh. Varlin würde einen General malen,
der sich einbildet, sein Metier verleihe ihm Würde. Für
die Expo malte er eine Heilsarmee.

Nicht als Masse, sondern als eine Gruppe von neun
meisterhaft kritisierten und damit individualisierten Per-
sönlichkeiten. Vor uns steht die Heilsarmee.

Varlin als kritischer Maler: Er ist insofern einer jener
wenigen Maler, die scheinbar nicht so recht in die Entwicklung der Malerei passen, die sie heute nun einmal
eingeschlagen hat, als er die Welt wiedergibt, wie er sie
sieht. (Was von Picasso zu behaupten unsinnig wäre.) Bei
Varlin kommt es damit aufs ›Wie‹ an.

Die Frage, wie ein bestimmter Maler die Welt sieht, die
er darstellt, ist die Frage nach dem Wesen seiner Kritik,
die er durch seine Malerei ausdrückt. Die Fotografie
kritisiert nicht, was nicht ausschließt, daß wir die Welt
auf Grund von Fotografien nicht kritisieren können. Für
uns ist im allgemeinen eine Kritik nur dann denkbar,
wenn wir Gesetze und Maßstäbe anwenden, die außerhalb einer bestimmten Kunst liegen, beim Drama in einer
Dramaturgie, bei der Malerei in irgendeiner Theorie über
die Malerei. Eine Kritik, die Malerei ist, eine ›malerische‹
Kritik, ist nur dann denkbar, wenn wir uns eine kritische

Grundhaltung denken, die bewirkt, daß der Künstler malt. Diese Art von Kritik muß im Gegensatz zur analytischen, intellektuellen Kritik unmittelbar sein.

Varlins Kritik ist sein Humor. Er sieht die Welt durch seinen Humor und gibt sie mit seinem Humor wieder. Damit sind wir bei der Hauptschwierigkeit angelangt, die viele mit Varlin haben. Sie besitzen seinen Humor nicht. Der Humor teilt die Welt in zwei Lager. So wie es Menschen ohne und mit Humor gibt, gibt es eine Kultur ohne Humor und mit Humor. Humor versteht nur, wer Humor hat. Darum ist wohl selten ernsthaft über den Humor nachgedacht worden, wobei die Frage offenbleibt, ob der, welcher den Humor hat, es noch nötig habe, ernsthaft über ihn nachzudenken, und ob der, welcher ihn nicht hat, überhaupt auf ihn komme, wenn er ernsthaft über ihn nachdächte. Ich bin skeptisch. Gewiß hat die Literaturwissenschaft zum Beispiel vom Humor Kenntnis genommen, das kann jedoch nur heißen, daß die humorlose Seite von ihm Kenntnis genommen hat. Das Resultat sieht auch danach aus: Schwarzer Humor, absurdes Theater, Grotesken und Farcen usw. All diese Begriffe können, aber müssen nicht mit Humor etwas zu tun haben. Der Humor ist etwas Individuelles, eine individuelle Fähigkeit. Darum kommt es darauf an, wer den Humor hat: wie der Mensch, so sein Humor. Varlins Humor ist durchaus nicht harmlos, sonst wäre es auch seine Malerei. Ihn auszuhalten verlangt Größe. Kierkegaard, der weit schärfer über die Kunst nachdachte als die meisten nach ihm, schrieb einmal, der Humor enthalte eine weit tiefere Skepsis als die Ironie, denn beim Humor drehe sich alles nicht um die Endlichkeit, wie bei der Ironie, sondern um die Sündigkeit; liege die Skepsis der Ironie in ihrer Unwissenheit, so liege die Skepsis des Humors im alten Satze: Credo quia absurdum; aber der Humor enthalte auch eine weit tiefere Positivität, denn er finde nicht Ruhe darin, daß er den Menschen zum Menschen mache, sondern darin, daß er den Menschen zum Gottmenschen mache. Damit umschreibt Kierkegaard nicht den Humor an sich, nicht einmal den christlichen Humor, den die Christen so selten haben, er umschreibt genau genommen nur seinen eigenen Humor. Humor an sich gibt es nicht. Und doch scheint es mir, als spiegle sich auch in Varlins Humor Kierkegaards seltsamer Satz. Varlins Geschöpfe kommen mir wie Resultate der Menschheitsgeschichte vor, der wir die ›Sündigkeit‹ nicht gut absprechen können, auch wenn diese ein theologischer Begriff ist; und daß wir Varlins Geschöpfe trotzdem lieben, liegt daran, daß auch sie mehr als nur Menschen sind. Mag er Dirnen, Schriftsteller, Vaganten oder andere ehrliche Menschen malen, nie sind sie Untermenschen, sondern Geschöpfe. Geschöpfe eines Malers, der die Menschen liebt, obwohl er sie so sieht, wie er sie malt. Wer den Menschen auf diese Weise liebt, gibt ihm eine Chance. Credo quia absurdum.

Man wird mir vorwerfen, Varlins Kunst allzusehr von meinem Standpunkt aus zu beurteilen. Mein Recht. Ich bin von Varlin begeistert. Das muß auch einen Grund in mir haben.

An Varlin

In meinem Arbeitszimmer
  Hängt deine Heilsarmee
Zwei Guitarren, eine Trompete, eine Fahne
  Neun Menschen
Gläubiger als ich

Wenn ich aus meinem Atelier trete
  Grinst mir Freund Loetscher entgegen
Er kennt meine grammatikalischen Fehler

Sitze ich im Wohnzimmer
  Meiner Frau zuhörend
Wie sie auf dem Flügel improvisiert
  Räkeln sich hinter ihr in zwei Sesseln
Zwei Menschen an der Wand
  Ein Mann und eine Frau

Esse ich
  Blicke ich auf die Neapolitanerin
Die nicht mit dir schlafen wollte
  Weil du nicht katholisch bist

Und hinter mir
  Leuchtet in Schwarz eine Vespasienne
Durch den Pariser Nebel
  Non olet

Stehe ich mir gegenüber
   Von Dir gemalt
Trinkt mir ein dicker Leib aus Fett und Wasser
   Freundlich zu
Der einmal in einem Krematorium verdampft

Wir sind blind ohne deine Gesichte
   Wir allein sind dein Gegenstand
Du weichst nicht ins Gegenstandslose

Du formst unsere Taten, rächst unsere Verbrechen
   Indem Du uns zeichnest
Wie Gott Kain

Notizen zu Hans Falk

1975

Die Schwierigkeit, über Bilder zu schreiben, hat sich vergrößert, seit sie reproduzierbar sind: Es ist sinnlos geworden, ein Bild erzählen zu wollen, wenn auch das Sinnlose die Freude, es zu tun, nicht ausschließt, im Gegenteil, oft steigert. Wer gerne schildert, erzählt sich zuliebe, damit ist sein Schildern subjektiv gerechtfertigt; die Schriftstellerei, falls sie über Bilder schreibt, braucht keine andere Rechtfertigung. Nur, schwieriger ist es doch geworden. Ein gutes Kunstbuch braucht wenig Text, technische Angaben, Daten über den Künstler, mehr nicht.

Gewiß, man kann über Stile schreiben, die Bilder als Illustration der persönlichen und der allgemeinen Entwicklung des Malers benutzen, als Ausdruck einer Epoche, einer besonderen geschichtlichen Situation, oder des Klassenkampfes meinetwegen, was das Allgemeine angeht, oder einer Urangst, warum nicht, was das Persönliche betrifft; widersprechen läßt sich da nicht und auch nichts beweisen.

Oder man schreibt über den Maler

Sicher, seine Bilder sind wichtiger als er, wenigstens würde er protestieren, behauptete einer, er sei wichtiger als seine Bilder, weil der Schöpfer wichtiger sei als seine Geschöpfe, eine ohnehin beleidigende Behauptung, sind wir doch alle Geschöpfe, beleidigend, weil auch sie wie viele Behauptungen nicht zu widerlegen ist. Um so mehr, weil jedes Kunstwerk, ob Gemälde oder Gedichte usw., unerbittlich auf den Menschen zurückweist, der es schuf, dessen Dokument es ist.

Vorerst. Denn ein Dokument einer Zeit, einer Epoche oder des Klassenkampfes usw. ist ein Kunstwerk im Gegensatz zum Kunstgewerbe erst in zweiter, ja dritter Linie. Es weist, so gesehen, als Ausdruck einer Zeit, einer Epoche usw. aufgefaßt, mehr auf den Schöpfer der Kunsttheorie, auf den Kritiker also, als auf den Schöpfer des Kunstwerks hin, welches der Kritiker bespricht. Der Ästhet gibt ein ästhetisches, der Moralist ein moralisches, der Religiöse ein religiöses Urteil über das gleiche Kunstwerk ab.

So bleibe man denn getrost dem Subjektiven verhaftet. Vermag doch keine Beobachtung so subjektiv zu sein, daß nicht, und sei es unwillkürlich, irgend etwas Gültiges herauskommt, wenn auch dieses nicht etwas Objektives selbst ist, sondern wie jede Deutung bloß ein Hinweis darauf.

Doch darf man seine Zweifel auch dann nicht übertreiben, wenn sie berechtigt scheinen; daß Hans Falk in Urdorf wohne, wird vom schweizerischen Telefonbuch bestätigt. Es muß darum etwas Wahres daran sein und auch daran, wenn man von Urdorf unwillkürlich auf Urschweiz schließt.

Die Unmöglichkeit, Urdorf außerhalb des Telefonbuchs in der Landschaft zu finden, hat zwei Gründe: Wie auch ein Urbild etwa, gibt es ein Urdorf und gibt es ein Urdorf wieder nicht; ferner gibt es die Landschaft nicht, wo Urdorf zu finden wäre, deshalb nämlich, weil es diese Landschaft nicht mehr gibt. Urdorf liegt bei Zürich. Oder *in* Zürich genauer, denn wo Zürich anfängt oder aufhört, kann heute niemand mehr genau sagen. Die Agglomeration ist allmählich entstanden, wahrscheinlich gegen das Ende der Hochkonjunktur beschleunigt, explosionsartig schließlich, ein planloses Durcheinander von Fabriken, Werkstätten, Einkaufskathedralen, Schulen, Garagen, Privathäusern, öffentlichen und sonstigen Häusern usw. (nur Freudenhäuser fehlen, überhaupt die Freude), eine Betonwüste, irgendwann sich an den Steinwüsten der Alpen brechend, auch diese bald verschluckend, von Autobahnen angestochen, die irgendwo in ihr steckenbleiben, ein Betonmeer, von dem Sagen melden, es beherberge in seinem Innern einen See, Universitäten, ein Opern- und Schauspielhaus und vielleicht noch andere Merkmale eines mäßigen kulturellen Betriebs, zugedeckt alles, nur noch durch flüssigen Beton schimmernd. Möglich, was den See betrifft, doch nicht mehr zu überprüfen.

Nun haben die Wege, die man einschlagen muß, oder besser, die man einschlagen sollte, Hans Falk aufzufinden, scheinbar nichts mit ihm zu tun, in Wahrheit aber zeigen sie die Situation auf, worin er sich befindet, darüber hinaus nicht nur er, sondern auch die Schweizer, hausend in einer verstädterten Landschaft, die keine Landschaft mehr ist, sondern verbautes Land. Wenn ich die Wege überdenke, die ich fuhr und gefahren wurde, um zum Atelier des Malers zu gelangen, sei es auf der Autobahn von Bern her, sei es von Zürich aus, durch immer gleiche Vorstadtstraßen, immer wieder abbiegend, um sich dann plötzlich auf einem in diesem Labyrinth unwirklichen und ungeteerten Landweg dem Atelier zu nähern, als wäre man wirklich in einem Urdorf: Versuche ich, diesem Weg nachzuspüren, wird mir deutlich, daß dieses seltsame Wohnen im Irgendwo etwas mit seinen Bildern zu tun hat, die mir, was seine figürlichen Londoner Bilder betrifft, seltsam ›lautlos‹ vorkommen. Es ist, als würden Vorgänge von einem Ort aus beobachtet, der durch dicke Glasscheiben von der Außenwelt getrennt ist.

Daß ein Bild lautlos sei, scheint nun freilich eine banale Feststellung zu sein, ebenso nichtssagend wie jene, die Malerei könne den Raum und die Bewegung nur andeuten, sie sei in Wirklichkeit raum- und bewegungslos. Doch wie so oft übersieht man Binsenwahrheiten. Denn in allen diesen Feststellungen, die uns so banal vorkommen, drückt sich die Tatsache aus, daß ein Bild an sich etwas Abstraktes ist, aber auch, daß die Unterscheidungen, die wir vornehmen, etwa jene zwischen figürlicher, konkreter und abstrakter Malerei, sinnlos sind. Auf Falk bezogen: Die Auffassung, er sei ein Maler, der nun bald abstrakt, bald figürlich male, ist eine literarische Klassifizierung. Genauer wäre, zu sagen, daß er gezwungen sei, sich in verschiedenen malerischen Methoden auszudrükken, weil offenbar nicht so sehr der Maler, sondern das Objekt seiner Malerei die malerische Methode bestimmt, die er anwenden muß. Was bei diesem Maler auffällt, ist das Fehlen einer Manier.

Auf die Lautlosigkeit zurückzukommen: Ihr Eindruck entsteht durch eine bestimmte Technik. Acryl auf Leinwand. Sicher, das Material, womit einer malt, macht viel aus. Die Frage ist, warum ein bestimmtes Material gewählt wird. Dank des Acryls entsteht auch auf großformatigen Bildern der Eindruck der Temperamalerei. Sie wirken wie skizziert, als sei nur ein Minimum von Farbe verwendet worden. Sie erwecken den Eindruck einer virtuosen Leichtigkeit der Malerei, als sei sie in wenigen Minuten entstanden, besonders weil die Spuren der dem unteren Bildrand sorglos entgegenfließenden Farbe oft stehengelassen sind. Dieser Eindruck täuscht. Ein Bild braucht nicht technisch vollendet auszusehen oder die Spuren einer endlosen Umarbeitung zu tragen, der Prozeß des Entstehens versteckt sich in der Regel hinter dem Resultat.

Bestimmt hier das Objekt die malerische Methode, lassen wir diesen Satz gelten, so ist denn weiter nach dem Objekt zu fragen, das dieses scheinbare Skizzieren verlangt. Nun gibt es, sind gewisse Fragen hinsichtlich der Malerei zu beantworten, ein einfaches Vorgehen: Indem wir die Frage vom Malerischen ins Fotografische transponieren, fällt uns die Antwort leichter. Wir müßten, um eine ähnliche Wirkung wie in Falks Londoner Bildern in der Fotografie zu erzielen, zum Blitzlicht greifen: eine ähnliche, bei weitem nicht diesselbe Wirkung. Dank dieser fotografischen Technik gelingt es, noch den hunderttausendsten Teil einer Sekunde festzuhalten, den Moment zum Beispiel, wie ein Revolvergeschoß einen Apfel durchschlägt. Sezierte Zeit also. Diese Möglichkeit steht im Gegensatz etwa zu jener, weit entfernte Objekte noch einzufangen, Galaxien, Milliarden von Lichtjahren in den Raum hinausgeschleudert; um diese Gebilde aufzunehmen, muß die fotografische Platte über hundert Stunden belichtet werden. Wird hier ein Zustand sichtbar, bei dem die menschliche Zeit angesichts der ungeheuerlichen Zeit- und Raumdimensionen keine Rolle spielt, wird beim Blitzlicht ein Sekundenbruchteil wiedergegeben, der beim menschlichen Erleben, beim menschlichen Zeitempfinden noch keine, und wenn, nur eine unbewußte Rolle spielen kann. Wenn nun besonders in Falks Londoner Bildern der Eindruck des Blitzlichthaften entsteht, so darum, weil Falk bewußt nicht schildern will. So ist etwa Rubens' *Raub der Töchter des Leukippos* eine Schilderung, obgleich sie eigentlich vom Raub, von der Handlung, die sie schildert, nur einen Sekundenbruchteil wiedergibt; die Genauigkeit jedoch, mit der jedes Detail ausgeführt wird, wozu die plastische Malweise kommt sowie die kunstvolle Komposition, hebt den Sekundenbruchteil gleichsam wieder auf, macht ihn endlos, zur Schilderung eben. Falk dagegen deutet mehr an; was die Bilder darstellen sollen, wird dadurch mehrdeutig, ein Bild etwa wie *Hypnotic Mirror* könnte eine Orgie oder eine Mordszene wie jene sein, der Sharon Tate und ihre Freunde zum Opfer fielen, usw. Seine Bilder sind wie blitzschnelle Träume, die verschiedene Erlebnisaugenblicke in einen Sekundenbruchteil zusammenziehen.

Falk als Erzähler: Bei unseren Zusammenkünften in Urdorf ist er mir immer wieder als Erzähler aufgefallen, nicht als einer, der Anekdoten erzählt, sondern Eindrükke, ruhig, meisterhaft, wie er mit Yvonne durch Harlem geht, sorglos bummelnd, ohne Furcht, plötzlich, während ich zuhöre, steht Harlem vor mir, spüre ich die stehende, unbewegliche Hitze der Riesenstadt, dann, unvermittelt, sein Einzug in die Bowery, in das Atelier eines verreisten Malers, sein erster Blick aus dem Fenster in ein gegenüberliegendes Fenster, in ein fremdes Zimmer jenseits der Straße, eine nackte masturbierende Frau auf einem Bett, Männer, die um sie herumstehen, die Hände in den Hosentaschen, unbeteiligt, einige rau-

chend, andere Kaugummi kauend. Falk erzählt, als lege
er beim Erzählen eine Erinnerungsschicht bloß, unter
der, ist sie abgetragen, eine neue erscheint. Beim Malen,
kommt es mir vor, sind diese Schichten transparent, die
oberste stellt das Bild dar, doch scheinen die darunterlie-
genden durch. Falks Mehrdeutigkeit ergibt sich aus der
Summe seiner Erlebnisse, er schildert nicht sukzessiv,
sondern gleichzeitig. In seinen Bildern wachsen Eindrükke, sich überlagernd, zusammen zu Synthesen, die darum, weil sie Synthesen von Eindrücken sind, mehrdeutig
werden. Zugegeben, diesen Begriff liebt die heutige Zeit
nicht, sie will das Eindeutige, in der Politik als Ideologie,
in der Wissenschaft als Formel. Ob es etwas Eindeutiges
an sich aber überhaupt geben kann, ist eine andere Frage.
Wir entscheiden uns etwa, nur so oder so zu sehen, oder
von einem Phänomen nur das oder das auszusagen; zum
Beispiel, mit welcher Beschleunigung ein Körper dem
Erdmittelpunkt entgegenfällt, wobei die entsprechende
Formel nichts über das Wesen der Gravitation aussagt,
sondern nur etwas über ihre Auswirkung, hinsichtlich
des Wesens bleibt sie mehrdeutig. Diese Überlegung
braucht jedoch die Physik nicht zu kümmern, sie will
von der Natur nur aussagen, was sich aussagen läßt, sie
analysiert sie auf ihre Gesetze hin. Eine der erstaunlich-
sten Fähigkeiten der Malerei besteht jedoch gerade darin,
nicht analysieren zu müssen, sondern die Mehrdeutigkeit
der Ereignisse oder der Dinge darstellen zu können.
Gewiß gibt es Ansätze zu einer analytischen Malerei, den
Kubismus etwa, aber genaugenommen ist seine Analytik
nur ein Stilisierungsprinzip von der Form her: Die Malerei muß schon darum nicht analysieren, weil sie es nicht
kann, selbst wenn sie es wollte, ihr fehlt nicht nur dazu

der Begriff, ihr fehlen die Begriffe überhaupt, deshalb sind denn alle Forderungen, welche eine bestimmte Kunstauffassung oder eine bestimmte Ideologie, wenn nicht gar Politik an sie stellen, doppelter Unsinn: Diese Forderungen stammen aus der Welt der Begriffe und vermögen ihre Freiheit nicht anzutasten, eine Freiheit, die der bildenden Kunst (und der Musik) aus ihrer Begriffslosigkeit heraus entsteht.

Liegt Mehrdeutigkeit in jedem Bild, auch in einem Anker etwa, gehört es zum Wesen der Bilder, mehrdeutig zu sein, so besteht Falks Kunst darin, die immanente Mehrdeutigkeit sichtbar zu machen. Er ist nicht nur auf mehrere Weisen deutbar, was sich von jedem Maler sagen läßt, er malt auch mehrdeutig. Das hängt mit dem zusammen, was er malt, dem Elementaren nämlich. Das scheint vorerst ein Widerspruch zu sein, insofern uns das Elementare, nehmen wir es einfach hin, als etwas Eindeutiges erscheint.

Genauer: Indem er das Elementare malt, setzt er sich mit dem Elementaren auseinander. Falk ist nie ein Maler von Bildern, Malerei ist bei ihm nie Abbilderei oder die Kunst, schöne Bilder zu malen, sondern die Bilder sind die Flächen seiner Auseinandersetzung mit dem Elementaren.

Das Elementare ist zugleich ein Inneres und ein Äußeres. Falk bei uns zu Besuch, er ist mit Yvonne gekommen, hat zwei Bilder gebracht, die ich, stolz, der Besitzer zu sein, plaziere, ein Bild voll absurder Grausamkeit das eine, fast nur ahnbar, das andere von einer ungestümen Erotik. Falk steht vor einem seiner alten Bilder, er hat es schon eine Zeitlang nicht gesehen; »dieses Rot ist ganz anders«, sagt er zu Yvonne, als wäre er nur gekommen, dieses Rot wiederzusehen, »Reproduktionen taugen nichts«. Dann steht er vor Bildern Varlins, dessen Malerei einen anderen Weg eingeschlagen hat, der die Menschen und Dinge auf ihre Einmaligkeit hin malt. Falk betrachtet die Bilder intensiv, er beobachtet sie. Das Kreative ist für ihn etwas Kostbares, auch das ihm Entgegengesetzte. Er ist frei von jedem Neid, auch kritisiert er nicht, er nimmt das Gelungene wahr, entdeckt in Varlin Aspekte, die mir nie aufgegangen sind, Details, die ich nie gesehen habe und die ich erst jetzt bemerke. Draußen eine schwüle Hitze, tropisch, wie sie nur in den Nichttropen sein kann. Ich schenke Weißen ein, er geht, das Glas in der Hand, herum. Dann im Bistro beim Mittagessen, während draußen ein Gewitter losbricht mit Donnerschlägen und Regengüssen, kommt Falk auf die Insel Stromboli zu sprechen. Schilderung des Lebens auf dieser Insel ohne Wasser, Schilderung der Bewohner, der Fremden, die wie überall überhandnehmen, die Erinnerungen in Falk werden immer mächtiger, bemächtigen sich seiner, ein Aufstieg zum Krater während eines Ausbruchs, die Lava, die zäh herabfließende Masse aus dem Erdinneren; darauf die Beschreibung des schwarzen Strandes, die Farben, die der Sand annimmt je nach Sonnenstand: Farben von Schwarz. Das alles nicht impressionistisch geschildert, sondern wie ein Wissenschaftler, besessen von seinem Objekt. Während Falk erzählt, tauchen in mir Erinnerungen an mein Stromboli auf, Erinnerungen an meine Jugendzeit: Ich finde mich, Falk zuhörend, im Dorf wieder, wo ich aufwuchs, zwölfjährig, an einem Sommerabend, Sonntag, hoch in der Linde neben dem Haus in einer Kiste sitzend, in einem zusammengezimmerten Nest, das ich mir erbaut hatte, und Jules Verne lesend: *Die Reise zum Mittelpunkt der Erde,* diesen phantastischen Bericht einer Expedition ins Erdinnere vom Sneffels aus, einem isländischen Vulkan. Ich lese bedrückt, die Schulaufgaben sind nicht gemacht, morgen werde ich vor dem verhaßten Französischlehrer stehen, schuldig, die Katastrophe ist nicht abzuwenden, es sei denn, die Aufgaben würden doch gemacht, und daß ich sie nicht machen werde, weiß ich schon: Trotzdem bin ich glücklich, hingerissen von der Schilderung eines endlosen Hinabsteigens durch Gänge und Schlünde in riesenhafte Höhlen hinein und zu unterirdischen Meeren, das aber auch ein Wiederfinden von Urtierlichem, Urmenschlichem ist. Ein Dinosaurier taucht aus den Fluten, Ichthyosaurier, hundert Meter lange Wale treiben dahin, am Ufer weiden riesenhafte Vormenschen wie Mammutherden, es ist, als stiege man ins Unterbewußte hinab; die Katastrophe endlich und das unfreiwillige Auftauchen der drei Forscher aus dem Erdinneren in Stromboli. Indem diese Erinnerung auftaucht, als Gefühl, als Hintergrund zu Falks Erzählen, wird mir aber auch die Nacht wieder gegenwärtig, in der mir in Urdorf Falk einige seiner Stromboli-Bilder zeigte, draußen trotz der Morgendämmerung die Bäume immer noch beleuchtet, immer noch die Illusion, man sei wirklich in einem Urdorf. Er hatte mir seine Londoner Bilder vorgeführt, eine Riesenleistung, die ihn die Nacht über in Anspruch genommen hatte, auch für Yvonne, galt es doch, die großformatigen Bilder immer wieder umzuschichten, dann kam er auf seinen Weg zum ›figürlichen Malen‹ zu sprechen, suchte zusammen, was ihm aus der Strombolizeit noch geblieben war: ›abstrakte Bilder‹, aber ich sah die Lava, den schwarzen Sand, die ungeheure Einsamkeit, das Erdinnere, das sich herabwälzt, erstarrt, Form annimmt, und dann waren es wieder Bilder wie an Kerkerwände gemalt, geklebt, hineingeritzt, letzte Möglichkeiten des Malens. Das Innere und das Äußere waren in diesen Bildern zusammengefallen, eins geworden, das Nichtmenschliche des Erdinneren, die Einsamkeit des Einzelnen.

Das Erotische. Nirgends wird das Wesen des Elementaren, daß es gleichzeitig ein Inneres und ein Äußeres ist, so deutlich wie im Erotischen. Nicht umsonst hat sich im Begrifflichen um das Erotische herum viel Vages angesammelt, obszön, lasziv, pervers usw., auch das Gesetz ist unsicher, ratlos darüber, was denn eigentlich Pornographie sei und ob es sie überhaupt gebe. Doch wie das Unbestimmte dem Erotischen im Begrifflichen angesiedelt ist, so auch das Überbestimmte, das Groteske. Der Geschlechtsakt ist daher ein Doppeltes. Von innen ganz Lust, ein bis aufs letzte gespürtes Leben, von außen anatomische Groteske. Aber auch die Geburt: Von innen, von der Frau her, nur Schmerz, vom Kind her (wahrscheinlich) nur Angst, von außen her surrealistisch, das Herauszwängen eines Kopfes zwischen zwei Schenkeln, dann das Herausgleiten eines Menschen aus einem Menschen. Nur dem Tod kommt das Groteske nicht mehr zu – es sei denn als äußerer Umstand. Durch den Tod tritt der Mensch aus der Dialektik zwischen dem Inneren und Äußeren, er wird nur noch ein Äußeres, eine Leiche; ob er noch etwas Inneres ist, bleibt gänzlich außerhalb unserer Erfahrung, ist Spekulation. Auf das Erotische zurückbezogen: Innerhalb dieses Bereichs erlebt der Mensch als Inneres alles, was das Leben betrifft: Lust, Schmerz, Angst, Gefühl einer unbändigen Freiheit, einer unendlichen Hörigkeit. Er fühlt sich im Partner, sein Ich im anderen, in allen anderen, insofern der Partner plötzlich sich ausweitet, aus einer Frau z. B. zu allen Frauen wird, nur zur Frau (was das gleiche ist), dann wird wieder die Vereinzelung erlebt, das Hineinstürzen aufs eigene Ich. Von außen: Ein ebenso weit ausgebreitetes Lebensspektrum, ein Sichbegegnen, Umschlingen, Durchdringen von Leibern, ähnlich wie in der äußersten Wut, im Nahkampf, Mensch gegen Mensch, Tier gegen Tier, dann ein Auseinanderfallen, ein Einzelnwerden.

Insofern unterscheidet sich Falk in seiner Malweise von einem Corinth etwa, eine Frau, nackt, auf zerwühltem Bett liegend: ein Stadium des Erotischen wird hier gezeigt. Falk dagegen malt Vorgänge, unentwirrbare Szenen, so und so deutbar, mehrdeutig eben, weil jedes Eindeutige ein Festlegen, Verhaften ist: Falk erweckt beim Betrachter Assoziationen; die Dialektik zwischen dem Inneren und dem Äußeren erstarrt nicht zum Bild, sie erweckt Bilder.

Zeit. Weil die Malerei nicht imstande ist, die Zeit ohne Täuschung darzustellen, ist man geneigt, den Hang zum Zeitlosen, den wir bei vielen, ja den meisten Malern finden, damit zu begründen. Das Zeitlose lag zuerst in der Religion, dann im Menschen; Könige wurden so gemalt, daß sie wie Könige aussahen; in der Natur, in den Abstraktionen endlich: Im Reich der reinen Formen ist das Zeitlose unendlich variabel. Vorsichtig können wir das Zeitlose als das Ästhetische bestimmen, viele unserer denkerischen Annahmen, mit denen wir operieren, sind ästhetisch begründet, ohne daß wir es wissen. Die ästhetische Malerei hat zugenommen, sie ist so zeitlos geworden, daß sich bei den meisten Malern aus ihren Bildern

die Zeit, in der sie lebten, überhaupt nicht rekonstruieren
ließe, auch wenn wir hier den Begriff ›Zeit‹ doppelsinnig
benutzten. So bewundernswert diese ästhetische Malerei
nun sein mag, so machtvoll sich in ihr zwar nicht die
Zeit, aber der Geist dieser Zeit dokumentiert, man ging
dazu über, die Zeit selbst einzufangen. In diesem Trend
finden wir in der Plastik etwa Tinguely, sinnlose Maschinen konstruierend als Protest gegen eine sinnlose Maschinenwelt, sie übertrumpfend, oder Luginbühl, der aus
Maschinen Ungeheuer zusammenbaut und so ein Ungeheuer mit einem anderen konfrontiert, Varlin, der nicht
mehr malt, sondern ›porträtiert‹, nicht von der Zeit
weg, sondern auf die Zeit hin, Montreux etwa nicht als
Stadt am See malt, Bergen gegenüber, sondern als eine
den See und Berg verschandelnde Stadt: Berg und See
sind bei der Stadt, nicht umgekehrt. Die Nähe des Grotesken ist überall spürbar, aber auch die Nähe der Karikatur, die nur jenen zweitrangig vorkommt, die sich nach
dem rein Malerischen, Zeitlosen also, richten. Dieser
Aufstand in der Kunst, diese Bewegung vom Zeitlosen
auf die Zeit zu ist auch bei Falk festzustellen. Daß diese
Kunst das Zeitlose nicht aufhebt, sondern wiederfindet,
indem sie es aufgibt, macht ihre Dialektik aus. Die Kunst
ist nicht so sehr durch ihre Resultate, durch ihre Motive,
die sie sich nimmt, und durch ihre Stile, mit denen sie
ihre Motive bewältigt, sondern durch das dialektische
Verhältnis bestimmt, welches zwischen dem Maler und
seinem Motiv herrscht.

Blätternd in Falks ›Tagebüchern‹: Falk geht vom Beobachteten aus, in seinen Zeichnungen wird der Weg
deutlich, der zu seiner Malerei führt, Zeichnungen nicht
als Skizzen, sondern als Vorstufen von Bildern, doch

schon an sich als Zeichnungen bedeutend. Einmal erzählte er mir, wie er Arbeiter, Putzfrauen, Arbeitslose usw. in sein Atelier holte; nun zeichnet er, was ihm das Fernsehen in sein Atelier in New York hereinholt, Watergate zum Beispiel, um so verblüffender, weil ich in einem New Yorker Spital Watergate ebenfalls im Fernsehen beobachtete, offenbar, ohne es zu ahnen, in Falks Nähe, lumpige zwanzig Kilometer, die Tür zu meinem Zimmer immer weit offen, man fühlt sich in einer Halle, ein Stimmengewirr, einmal eine fieberhafte Aufregung im Korridor, hastende Schritte, einmal ein einsames Wimmern, den Lärm leise durchdringend, an Lesen ist nicht zu denken, der einzige Punkt, auf den man sich konzentriert, das Fernsehen, vermittels dessen Watergate: Dean, Haldeman, Ehrlichman, die Senatoren, die gleichen Gesichter durch das gleiche Medium gesehen, die ich nun in Falks Skizzenbüchern wiederfinde. In den Tagebüchern Zeitungsausschnitte, plötzlich Gedankensentenzen, scheinbar unvermittelt, Bildbeschreibungen, Überlegungen zu Bildern, Farbe tritt hinzu, ein ständiges Auseinandersetzen mit dem Gesetzten, mit dem Nächsten, mit der Umgebung, in einer Zeit, in der alles, schlagartig, zum Nächsten werden kann, zu dem, was uns unmittelbar bedroht.

Das Elementare als Konfrontation mit der Zeit: Die hier verwendeten Begriffe des Elementaren und des Zeitlosen (als dessen Gegensatz aufgefaßt) sind philosophisch nicht besonders fundiert, ich weiß; sie sind beim Denken über Falk mehr assoziativ, als Hilfsbegriffe herbeigeholt worden. Auf das Elementare kam ich wohl über Urdorf, von ihm über die Urinsel Stromboli zu den Urstädten London und New York. Es fiel mir auf, wie sehr Falk die

Orte sucht, wo das Elementare sichtbar wird, die Urorte, um in der Assoziation zu bleiben, aber auch, wie sehr sich diese Urorte überdecken, das eine durch das andere bricht; in der sauberen, kleinformatigen, seltsam unproletarischen, in einem langen Arbeitsfrieden herausgebackkenen klein- und mittelunternehmerischen schweizerischen Industrielandschaft das versunkene Dorf, als Dorf nur noch zu erraten, sich selbst karikierend, das Dorf eigentlich als verlorene Welt, als Name, der fiktiv wird, noch ist es nicht Stadt, noch nicht einmal ganz Vorstadt, oder doch schon, noch sauber, noch ist der Schmutz unsichtbar in den Abgasen über ihm, noch sind keine Akzente da. Wer an Vorstadt denkt, denkt auch an Vorhölle, und so ist denn auch Urdorf für Falk nicht der Arbeitsplatz, sondern der Ausgangspunkt zu Höllenfahrten, zu Abstiegen ins Hölleninnere wie bei Jules Verne der Sneffels ins Erdinnere, London, New York endlich: wo die Straßen zu dampfen scheinen, Erinnerungen an Stromboli wecken, die Vulkaninsel, und wenn im Morgengrauen Dunstschichten zwischen den Wolkenkratzern lagern, stellt sich Manhattan als Urlandschaft dar. Schauplätze alles, die einen anderen wieder ins Zeitlose verlocken würden. Falk konfrontierte sich, in ihnen hausend, mit der Zeit, auch wenn er sich wie auf Stromboli nur mit sich selbst konfrontierte, konfrontieren mußte, die Insel, die Abgeschlossenheit zwang ihn dazu, die stete Nähe des Vulkans, die permanente Gegenwart der möglichen Katastrophe, die er in den Weltstädten wiederfand, noch bedrohlicher die Gier, der Taumel, der Rausch, die Öde, der Dreck, der Schweiß, der Abfall, das Verbrechen; eine Brandung von Leibern und Sachen, von Abfall und Verfall bricht sich an den Betonkästen, reißt die Malerei Falks den Bildern zu, verhaftet ihn. Dem allem gegenüber, dem Menschen und seinen Spuren, ist kein Entweichen in sich selbst zurück möglich. Diese Welt gilt es auszuhalten, ihr mit Bildern standzuhalten. Damit, mit dieser Zeit, die sich zersetzt, indem sie heranbricht, mit dieser Anarchie, die stärker ist als unsere pedantischen gesellschaftlichen Leitbilder und unsere geglaubten und herbeigesehnten Utopien, müssen heute alle leben, wir, gleichgültig, ob einer sich aus der Zeit zu stehlen sucht oder sich ihr stellt! Sie holt ihn ja doch ein, jeden, uns alle. Urdorf, Stromboli, London, New York sind überall: Eine mißratene schweizerische Urdorf-Idylle läßt alles durchschimmern, lautlos, Schemen, die sich hinter dicken Scheiben bewegen, die leer werden, nur noch Tapetenmuster erkennen lassen, schweigende Überreste.

Persönliche Anmerkung
zu meinen Bildern
und Zeichnungen

1978

Meine Zeichnungen sind nicht Nebenarbeiten zu meinen literarischen Werken, sondern die gezeichneten und gemalten Schlachtfelder, auf denen sich meine schriftstellerischen Kämpfe, Abenteuer, Experimente und Niederlagen abspielen. Eine Einsicht, die mir erst beim Durchblättern dieses Buches bewußt geworden ist, auch wenn ich in meiner Jugend nur gezeichnet und erst später geschrieben habe. Ich war immer ein Zeichner. Doch ist die *Kreuzigung I* meine erste Zeichnung, die ich nachträglich noch zu akzeptieren vermag, aus dem einfachen Grunde, daß ich nicht ein kompositioneller, sondern ein ›dramaturgischer‹ Zeichner bin. Ich kümmere mich nicht um die Schönheit des Bildes, sondern um dessen Möglichkeit. Um ein Beispiel aus der ›großen‹ Kunst anzuführen: Michelangelos ›David‹ ist eine Abstrusität, ein Koloß, 5,5 m hoch, während Goliath laut Bibel nur 2,9 m groß war. Aber der ›David‹ ist deshalb eine bedeutende Plastik, weil Michelangelo ihn ›dramaturgisch‹ in jenem Moment festhält, da er zur ›Statue‹ wird. Es ist der Augenblick, in dem David Goliath zum erstenmal wahrnimmt und überlegt, wie er ihn besiegen könne: Wo muß ich den Stein hinschleudern? In diesem Moment verharrt der Mensch in der vollkommenen Ruhe des Nachdenkens und des Betrachtens. Er wird dramaturgisch zur Plastik. Ähnliches läßt sich von Michelangelos ›Moses‹ sagen. Er ist in dem Augenblick dargestellt, da er realisiert, was er doch schon von Jahwe erfahren hat: daß das Volk um das Goldene Kalb tanzt. Noch staunt er, noch bereitet sich der Zorn in ihm erst vor, noch hat er die Gesetzestafeln in der Hand, aber im nächsten Augenblick wird er aufspringen und sie zerschmettern und dann befehlen, dreitausend Männer seines Volkes zu töten: Das ist dramaturgisches Denken in der Plastik. Dramaturgisch stellte sich daher in meinen *Kreuzigungen* die Frage: Wie gestalte ich *heute* eine Kreuzigung? Das Kreuz ist ein Symbol geworden und damit auch als Schmuck verwendbar, etwa als Kreuz zwischen Frauenbrüsten. Der Gedanke, das Kreuz sei einmal ein Marterinstrument gewesen, ist verlorengegangen. In meiner ersten *Kreuzigung* versuche ich durch den Tanz um das Kreuz, das Kreuz wieder zum Kreuz, zum Gegenstand des Skandals zu machen, den es einmal darstellte. In der zweiten *Kreuzigung* ist das Kreuz durch ein noch grausameres Marterinstrument, durch das Rad, ersetzt, auch ist nicht ein Mensch, sondern viele Menschen sind gerädert, nur ein Mensch ist gekreuzigt, eine geköpfte schwangere Frau, aus deren aufgeschnittenem Leib ein Kind hängt. An den Blutgerüsten klettern Ratten umher. In der dritten *Kreuzigung* wird ein dicker gekreuzigter Jude mit abgehackten Armen von Ratten beklettert. Nicht aus ›Liebe zum Schrecklichen‹ sind diese Blätter entstanden, unzählige Menschen sind auf unvergleichlich schrecklichere Art gestorben als Jesus von Nazareth. Nicht der gekreuzigte Gott sollte unser Skandalon sein, sondern der gekreuzigte Mensch; vermag doch der Tod – und sei er noch so fürchterlich – für einen Gott nie so schrecklich wie für einen Menschen zu sein: Der Gott wird wieder auferstehen. So ist denn heute nicht mehr das Kreuz, sondern die Auferstehung das Skandalon des Christentums, und nur so ist das Blatt *Auferstehung* zu verstehen, entstanden 1978. Es ist nicht ein strahlender Gott, sondern eine Mumie, die ohne Zeugen aufersteht. Hier gibt es eine Parallele zu meinem dramatischen Schaffen: Im ›Meteor‹ besteht der Skandal darin, daß ein Mensch immer wieder stirbt und immer wieder aufersteht. Er vermag, gerade weil er das Wunder am eigenen Leib erfährt, nicht daran zu glauben. Anders die *Engel*: 1952 pumpte ich mir, ein Schriftsteller ohne Geld, in Neuenburg ein Haus zusammen. Es war ziemlich schwierig. Wer wollte auch damals einem Schriftsteller Geld leihen. Die Lebensversicherung ›Pax‹, in deren Händen die erste Hypothek lag, kündigte mir denn auch gleich. Doch konnten wir das Haus beziehen. Es half, wer helfen konnte. Damals entstanden meine zwei Gouachen *Die Astronomen* und *Ertrunkenes Liebespaar* in einer Technik, die ich erst 1978 wieder aufgenommen habe *(Die Welt der Atlasse)*. Ich malte nachts und wurde beim Malen gegen 2 Uhr morgens stets von einer Fledermaus besucht, einem reizenden Tierchen, das ich Mathilde nannte. Einmal war ich unfair, ich schloß das Fenster und machte mich daran, Mathilde zu fangen. Als ich sie gefangen hatte, zeigte ich sie den Kindern und erklärte ihnen, Mathilde sei ein Mäuseengel, dann ließ ich sie wieder frei. Sie war sehr beleidigt und ließ sich nicht mehr blicken. Seitdem ließ mich das Motiv ›Engel‹ nicht wieder los. Nicht aus Spott, mehr aus Übermut. Mathildens Rache: Ich zeichnete unzählige Menschenengel, auch eierlegende Cherubim, aus dem Handgelenk, als Karikaturen. Mein Humor verführte mich. Dieser Faktor – mein hauptsächlicher – ist nie zu unterschätzen; er ist überall wirksam. Erst nach und nach kam ich dahinter, daß die Engel doch eigentlich furchterregende Wesen sind, Wesen, zu denen sich Mathilde verhält wie eine Eidechse zum Tyrannosaurus-Rex. Es begann mich dramaturgisch zu interessieren, wie denn heute ein Engel zu gestalten wäre, gibt es doch auch in der Kunst kaum Engel, die mir einleuchten, vielleicht bloß die zustoßenden, zuschlagenden, zornigen Engel in der ›Apokalypse‹ Dürers. So versuchte ich denn, Engel dramaturgisch darzustellen, die zwei *Todesengel* und den *Engel,* an welchem ich lange arbeitete: Auch Engel sind etwas Schreckliches. Wenn Elisabeth Brock-Sulzer im Zusammenhang mit meinen Federzeichnungen von einer »frühen Schabtechnik Dürrenmatts« schrieb und im späteren Zeichnen – etwa im schnellen Zeichnen nach der Natur mit dem Kugelschreiber – eine »Befreiung« sehen wollte, so kann ich ihr hier nicht beipflichten. Jene Zeichnungen sind nicht dramaturgisch, sondern konventionell. Jeder Maler macht sie besser. Sie waren eine Laune, Fingerübungen meinetwegen, so wie ich einmal einige Wochen lang Collagen verfertigte oder immer wieder karikiere. Die Technik, die ich bei meinen Federzeichnungen entwickelte, stellt das zeichnerisch ›Durchgehende‹ bei mir dar: Hier besitze ich Erfahrung, läßt sich eine Entwicklung nachweisen. Persönlich ziehe ich das Malen vor. Aber Malen reißt mich aus der Arbeit, während meine Federzeichnungen auf meinem Schreibtisch entstehen, natürlich auch die Lavis. So ist die *Minotaurus*-Serie schnell entstanden – ich arbeitete oft am frühen Morgen daran, nach einer mit Schreiben durchplagten Nacht. Auch das erste *Selbstportrait* ist um fünf Uhr morgens gepinselt: Ich portraitierte mich in den Rasierspiegel starrend. An einer Federzeichnung dagegen arbeite ich durchschnittlich etwa vierzehn Tage. Viele nehme ich später wieder auf und bearbeite sie neu. Dramaturgisch und nicht blasphemisch sind auch die *Papst*-Szenen gemeint: Ist es doch etwas Skandalöses, daß jemand behauptet, er sei der Stellvertreter Christi auf Erden, unfehlbar usw. Ich erinnere mich an eine Fernsehdiskussion über den ›Stellvertreter‹. Hochhuth wurde von einem Priester angepöbelt, ob er sich denn nicht schäme, mit seinem ›Stellvertreter‹ Millionen von Gläubigen zu verletzen, denen der Papst etwas Heiliges sei. Man hätte den Priester fragen müssen, ob er sich denn nicht schäme, daß der Papst mit seinem Anspruch jene verletze, die nicht an ihn glauben. Ich glaube nicht an ihn. Das Christentum, das sich nicht als Skandalon begreift, hat keine Berechtigung mehr. Der Papst ist das Sinnbild des Theologischen und damit des Rechthaberischen, des Glaubens, im Besitze der Wahrheit zu sein. Wer diesen Glauben besitzt, streitet. Darum gibt es immer wieder viele Päpste – religiöse und politische –, und darum finden die Streitereien unter ihnen kein Ende: Immer wieder steht Wahrheit gegen Wahrheit, bis der letzte Papst auf dem Mammut seiner Macht in die Eiszeitnacht der Menschheit reitet und in ihr verschwindet *(Der letzte Papst)*. Zu den *Turmbau*-Zeichnungen: Dramaturgisch ging es mir darum, die Höhe des Turms darzustellen. Der Turmbau zu Babel wurde oft dargestellt. Ich denke an die Bilder von Bruegel. Aber für mich war der Turm immer zu klein. Es war nie der Turm schlechthin; auf meinen Zeichnungen sieht man deutlich die Erdkrümmung – im Verhältnis zu ihr ist der Turm in der ersten Zeichnung, *Turmbau I*, 9000 km hoch. Die ›Wolke‹, die hinuntergreift: kosmischer Staub, der die Erde beleckt. Im Hintergrund die Sonne, wie sie erscheint, wenn wir den Bereich der roten Wasserstofflinien ausblenden. Ich beschäftigte mich seit meiner Kindheit im Dorf mit der Astronomie, später trat die Physik in mein Denken, und heute amüsiert mich vor allem eines ihrer Teilgebiete, die Kosmologie. Hier führt die Moderne die Vorsokratiker weiter. So zeigen denn alle meine *Turmbau*-Bilder die Unsinnigkeit des Unternehmens auf, einen Turm zu bauen, der bis in den Himmel reicht, und damit die Absurdität menschlichen Unterfangens schlechthin. Der Turm zu Babel ist das Sinnbild der menschlichen Hybris. Er bricht zusammen, und mit ihm stürzt die Menschenwelt zusammen. Was die Menschheit hinterlassen wird, sind ihre Ruinen. Die *Turmbau*-Zeichnungen IV und V zeigen diesen Zusammenbruch: Gleichzeitig ist das Ende der bewohnten Erde gekommen. Der Stern, der in *Turmbau IV* explodiert, ist eine Supernova. Zurück bleibt ein weißer Punkt, ein Neutronenstern, ein Stern mit unendlicher Dichte. Sichtbar werden Galaxien in verschiedenen Stadien ihres Werdens und Vergehens und ahnbar riesenhafte ›schwarze Löcher‹. Sie deuten Endzustände von Sternen an, die wiederum (vielleicht) der Beginn neuer Welten sein können. Das Motiv des Weltuntergangs ist mit dem Motiv des Todes verbunden: Jeder Mensch, der stirbt, erlebt seinen Weltuntergang. Daß – wie in meinen Stücken – auch in meinen Zeichnungen der Henker eine Rolle spielt, ist nicht verwunderlich; verwunderlich wäre, wenn er fehlen würde. Der Mensch hat in unserem

Zeitalter die Rolle des guten alten Sensenmannes übernommen. Der Mensch als Henker ist kein Gevatter Tod
mehr, dafür leuchtet mir bisweilen der Gedanke Scho-
penhauers ein, das Leben des Einzelnen sei mit einer
Meereswelle zu vergleichen: Sie vergeht, aber es entstehen neue Wellen. Ich kann mir nicht denken, daß ich
einmal ›nicht mehr‹ bin. Ich kann mir vorstellen, daß ich
›immer‹ jemand bin. Immer ein anderer. Immer ein neues
Bewußtsein, daß auch ich einmal den Weltuntergang
erlebe. So ist denn der Weltuntergang von einer immer-
während Aktualität. Dieses Motiv habe ich auf der
Bühne im ›Portrait eines Planeten‹ gestaltet. Ich konzipierte den Text als Schauspielerübung, um mit einem
Minimum an dramaturgischen Mitteln möglichst viel auszusagen. Vor der Niederschrift habe ich das Motiv in
einer Mischtechnik dargestellt *(Portrait eines Planeten II)*:
Die Photographie eines Mannes mit je einem Kopf in der
linken und rechten Hand erschien zur Zeit des Vietnam-
Krieges in vielen Illustrierten. Unten links ist eine ausge-
brannte Weltraumkapsel, in der zwei amerikanische
Astronauten ums Leben kamen. *Der Weltmetzger* ist eine
Gestalt aus der ersten Fassung des Stücks. So ist denn
mein dramaturgisches Denken beim Schreiben, Zeichnen
und Malen ein Versuch, immer endgültigere Gestalten zu
finden, bildnerische Endformen. So stieß ich über den
Weg des Sisyphos-Motivs zum Atlas-Motiv vor. Die
erste *Sisyphos*-Gouache entstand im Jahre 1946, gleichzeitig mit dem *Pilatus*. Ich verließ die Universität und gab
vor, Maler zu werden. Es wäre abenteuerlich gewesen,
die Schriftstellerei als mein Ziel anzugeben. Die beiden
Bilder malte ich gleichsam als Alibi, um meinen Mitstu-
denten zu beweisen, daß es mir mit meiner Malerei ernst

sei. Gleichzeitig schrieb ich die Erzählung ›Pilatus‹ und ›Das Bild des Sisyphos‹. Zum ›Sisyphos‹ möchte ich nur bemerken, daß mich vor allem die Frage beschäftigte, was Sisyphos zwinge, den Fels immer wieder hochzustemmen. Vielleicht ist es seine Rache, die er an den Göttern nimmt: Er stellt ihre Ungerechtigkeit bloß. Während mich beim ›Pilatus‹ die Idee nicht losließ, Pilatus habe vom ersten Augenblick an gewußt, daß ein Gott vor ihm stehe, und sei vom ersten Augenblick an überzeugt gewesen, dieser Gott sei gekommen, ihn zu töten. *Atlas* dagegen ist eine mythologische Figur, die erst heute wieder darstellbar ist, paradoxerweise; denn ein Mensch, der das Himmelsgewölbe trägt, scheint unserem Weltbild zu widersprechen. Aber wenn wir uns das Anfangsstadium der Welt als ungeheure kompakte Kugel von der Größe der Neptunbahn denken (March) oder als schwarzes Loch, das dann zum Urknall führt; oder wenn als Endstadium einer Welt, in ihrem In-sich-Zusammenstürzen, weil sie zu schwer geworden ist, wiederum die Vision einer Kugel von ungeheurer Schwere vor uns aufsteigt, wird in dieser Weltsicht Atlas mythologisch wieder möglich, gleichzeitig aber auch zum Endbild des Menschen, der die – seine – Welt trägt, tragen muß. Daß zur selben Zeit wie einige *Atlas*-Bilder mein letztes Stück entstanden ist, ›Die Frist‹, ist nicht zufällig, handelt es doch auch von zwei Menschen in der Atlas-Situation: Der erste versucht, die Welt zu tragen, der zweite möchte sie nicht tragen, muß sie aber zum Schluß weiter tragen. Zugegeben, die erste Atlas-Darstellung geht auf das Jahr 1958 zurück, *Der versagende Atlas*. Das Wichtigste an diesem Weltuntergangsbild sind die Menschen. Sie tragen Inschriften: Atlas muß nicht versagen, Atlas darf nicht versagen, Atlas kann nicht versagen ..., jenen, der schrieb, Atlas wird versagen, hat man geköpft: Die voraussehbare Katastrophe trifft ein, noch schärfer: voraussehbare Katastrophen treffen ein. Daß sich einmal alles rächen wird, drückt die Zeichnung mit dem sonderbaren Titel aus *Die gläsernen Särge der Toten werden die Rammböcke sein.* Dramaturgisch formuliert: die schlimmstmögliche Wendung trifft ein. Daß ich immer wieder die schlimmstmögliche Wendung darstelle, hat nichts mit Pessimismus zu tun, auch nichts mit einer fixen Idee. Die schlimmstmögliche Wendung ist das dramaturgisch Darstellbare, ist genau das auf der Bühne, was in der Plastik den ›David‹ zur Statue und meine Bilder zu dramaturgischen Bildern macht. So etwa auch *Die Katastrophe.* Das Bild stellt mehr als ein Zugunglück mit anschließender Kettenreaktion dar: Oben stößt gleichzeitig die Sonne mit einem anderen Himmelskörper zusammen. Sechs Minuten später wird die Erde nicht mehr existieren. Auch hier: die schlimmstmögliche Wendung, der Versuch, nicht eine, sondern *die* Katastrophe zu schildern. Nicht das Ding an sich, sondern Bilder an sich sind darstellbar. Die letzte Gestaltung des *Atlas*-Motivs, *Die Welt der Atlasse,* gehört zu meinen Lieblingsbildern. Es entstand aus einer Laune heraus. Ich heftete zwei Blätter meines für Gouachen bevorzugten Formats 100 × 71, nebeneinander an die Wand meines Ateliers. Ich wollte eine flüchtige Skizze machen. Das war 1965. Seitdem arbeite ich an diesem Bild. Ich hätte es wissen müssen. Ich habe zu keinem meiner Bilder je eine Skizze gemacht. Reproduziert ist es im Zustand, den es am 10. Juni 1978 hatte. Zu sehen sind Atlasse, die mit Weltkugeln spielen. Je schwerer eine Welt, desto kleiner ihr Endzustand. Die Atlasse im Vordergrund keuchen unter ihren Kugeln. Daß auch der Eindruck einer Nachtlandung auf dem Flughafen von New York eine Rolle spielt, sei erwähnt, begriff ich doch damals zum erstenmal, wie höllisch es sein muß, auf einer von Menschen überfüllten Erde zu leben. Zu meinen Portraits: Sie sind schnell entstanden, außer den beiden ersten. Ich bin froh, daß mir von *Walter Mehring* wenigstens in der Malerei ein Portrait gelang, schriftstellerisch ist es mir bis jetzt nicht gelungen. Dieser sprachgewaltige Lyriker hat in vielen seiner späteren Gedichte nicht sich, sondern uns überlebt. Otto Riggenbach (*Portrait eines Psychiaters*) ist im Gespräch mit meiner Frau festgehalten. Er ist einer unserer wenigen Neuenburger Freunde und besitzt einige der schönsten Auberjonois. Am spontansten entstand das *Portrait meiner Frau*, in kaum zehn Minuten, in Ste-Maxime an der Côte d'Azur. Wir waren damals besonders glücklich. Wir glaubten, dort unten ein Haus erstanden zu haben, das unseren Vorstellungen entsprach und dessen Kauf später glücklicherweise dann doch scheiterte. In ihrem Übermut bemerkte meine Frau nicht, daß ich sie portraitierte. In Ste-Maxime entstand auch etwas früher die Federzeichnung mit Selbstportrait, *St. Tropez 1958*: Der Gedanke, daß damals jenseits des Mittelmeeres getötet und gefoltert wurde, bedrückte mich. Leider hat die Zeichnung ihre Aktualität nicht eingebüßt. Den Schauspieler *Leonard Steckel* malte ich 1965 aus dem Gedächtnis. Das Portrait von *Varlin* zeichnete ich am 22. Oktober 1977. Es war der letzte Tag, den ich mit Varlin verbrachte. Wir sprachen über Malerei. Varlin sagte mir, er halte Matisse für den größten Maler unserer Zeit. Er sagte: »Das Traurige an der Malerei: Man steht vor einer

sauberen Leinwand, nimmt einen Pinsel, und schon ist
die Leinwand versaut.« Dann hat er mich gezeichnet,
mehrmals, wieder durchgestrichen. Eine Zeichnung ließ
er gelten und schenkte sie mir, dann sagte er, er wolle
schlafen, und ich solle ihn zeichnen. Als er aufwachte,
wollte er die Zeichnung sehen. Er fragte mich, ob er
wirklich so aussehe. Ich antwortete nichts, und Varlin
sagte, dann gehe es nicht mehr lange. Am 30. Oktober ist
er gestorben. Das *Portrait eines Hoteliers* stellt meinen
Freund Hans Liechti dar, Wirt und Bildersammler von
Zäziwil, zu Fuß eine dreiviertel Stunde vom Dorfe entfernt, wo ich geboren wurde. Er ist wie ich nach Neuenburg verschlagen worden. Ich sitze nach dem Schreiben
oft bis tief in die Nacht bei ihm, erzähle ihm, was ich
schreibe, und zeichne, was man zeichnen könnte. Ich
weiß nicht, ob ich ohne ihn noch zeichnen und malen
würde. Seine Begeisterung für die Malerei wirkt produk-
tiv. Sein Portrait entstand an einem Sonntag nachmittag.
Er hatte gekocht, seine Beiz war zu Mittag überfüllt
gewesen, dazu waren Verwandte gekommen, und am
Abend hatte er im oberen Saal ein Bankett. Er kam im
Arbeitsgewand in mein Atelier, um sich auszuruhen.
Nach nicht ganz einer Stunde verließ er mich, um sich
wieder hinter seinen Herd zu stellen, und ich malte das
Bild zu Ende. Um zehn Uhr abends rief ich ihn an, er
solle kommen.
Er kam, immer noch im Arbeitsgewand, und war mit mir
zufrieden. Meine letzten Federzeichnungen sind eben-
falls Portraits: Der *zornige Gott* – wer begreift seinen
Zorn nicht? (vollendet habe ich die Federzeichnung bei
Liechti mit einem Küchenmesser). *Mazdak* war der Grün-
der einer kommunistischen Sekte. Ungefähr 530. n. Chr.

wurden 3000 seiner Anhänger vom persischen Groß-
könig kopfvoran in die Erde gepfählt – und damit ihre
Idee in den Boden gepflanzt. Man kann einen Menschen
töten, aber die Idee lebt weiter. Das Kind, das die
aussätzige und wahnsinnige *Ophelia* zur Welt bringt,
wird weder aussätzig noch wahnsinnig sein. Geier ent-
mannen den aufs Pferd gebundenen Kosaken *Mazeppa*.
Er lebt in Gedichten weiter. *Chronos, Uranus entman-
nend:* Nur so war es möglich, daß die Zeit ihre Herr-
schaft begann; die mythologische Darstellung des Ur-
knalls. Mit den *Labyrinthen* nehme ich ein Motiv auf, das
mich auch schriftstellerisch fasziniert. Ich behandelte es
zuerst in der Novelle ›Die Stadt‹ und behandle es jetzt in
der Erzählung ›Der Winterkrieg in Tibet‹. Zum Labyrinth gehört der *Minotaurus*. Dieser ist eine Ungestalt, als
solche ist er das Bild des Einzelnen, des Vereinzelten.
Der Einzelne steht einer Welt gegenüber, die für ihn
undurchschaubar ist: Das Labyrinth ist die Welt vom
Minotaurus aus gesehen. Die *Minotaurus*-Blätter zeigen
denn auch den Minotaurus ohne die Erfahrung des Andern, des Du. Er versteht nur zu vergewaltigen und zu
töten. Er stirbt nicht durch Theseus, er verendet wie ein
Stück Vieh. Theseus ist nicht imstande, ihn aufzuspüren.
Die Ermordung des Minotaurus ist eine Legende. Aus
der Gestalt des Minotaurus ist als Assoziation *Der Weltstier* entstanden, in einer etwas anderen Technik, weil das
Papier keine andere erlaubte. Der *Weltstier* ist das Sinnbild des amoklaufenden Ungeheuers, das wir ›Weltgeschichte‹ nennen. Das Blatt *Die beiden Tiere* stellt eine
Paraphrase zum Manichäismus dar, der heute ja wieder
aufgekommen ist, zum Glauben, die Weltgeschichte sei
ein Kampf zwischen zwei Prinzipien, einem guten und

einem bösen. Die beiden Saurier, die sich im Hintergrund ineinander verbissen haben, sind beide gleich stur. Natürlich gibt es auch nichtdramaturgische Blätter, Assoziationen zu literarischen Motiven, wie etwa *Flucht I* und *Flucht II*, die ich einst im ›Tunnel‹ oder in der ›Falle‹ gestaltet habe. *Der Kampf der beiden Alten* zeigt, daß der Haß auch dann weiterwütet, wenn er seine Motivation verloren hat. Ich lernte nie zeichnen oder malen. Ich weiß jetzt noch nicht, wie man Ölbilder malt. Der einzige Mensch, den ich fragte: »Wie malt man eigentlich Öl?«, war Anna Keel. Und sie sagte mir: »Nimm Petrol.« Die Ölbilder malte ich alle 1966. Daß auch meine *Bank*-Bilder mit Öl und Petrol gemalt sind, stellt keine Kritik am schweizerischen Bankwesen dar. Im Gegenteil, daß ich es würdig enden lasse (*Letzte Generalversammlung der Eidgenössischen Bankanstalt*), sollte meine Kreditwürdigkeit bei unseren Banken erhöhen, wie ich hoffe, besonders jetzt, wo ich sie nötiger habe denn je, existiere ich doch – wie ich eben im ›Brückenbauer‹ lese – für die Kritik literarisch nicht mehr. Doch kehrte ich seitdem wieder zu den Wasserfarben zurück. Gerade meine *Bank*-Bilder machen deutlich, daß die Gründe meiner Zeichnungen und Malereien nicht nur in dramaturgischen Überlegungen liegen; meine *Bank*-Bilder sind der Nachhall meiner Komödie ›Frank V.‹, der Oper einer Privatbank. Ein Theaterstück, dessen bühnenmäßige Realisierung eigentlich nie glückte. Eine Neufassung liegt in meinem Schreibtisch. Aber auch *Der Turm zu Babel* oder die Blätter *Der gefangene Narses* und *Byzantinische Heilige* mit den byzantinischen Motiven gehen auf ein vernichtetes Werk oder auf ein Fragment zurück. Zeichnen als Ersatzhandlung. Doch gibt es natürlich noch andere Zusammenhänge zwischen meinem literarischen und meinem zeichnerischen Schaffen. Jedes Darstellen, in welchen Medien auch immer, setzt einen Hintergrund voraus, der aus Eindrücken, Bildern und Denken besteht. Dieser Hintergrund ist heute nicht mehr allgemein; es sei denn, man gebe sich links engagiert, katholisch oder sei beides zusammen usw. Der heutige Schriftsteller, aber auch der heutige Maler, sucht im allgemeinen unbewußt eine Ideologie, etwas Allgemeines. Ich lehnte es seit jeher ab, mich auf einen allgemeinen Nenner bringen zu lassen. Ich bin deshalb notwendigerweise nur wenigen verständlich. Auf die Voraussetzungen meines literarischen Schaffens, aber auch meiner Bilder, die in meinem Denken liegen, das im wesentlichen erkenntnistheoretisch ist, und in meinem Humor, der an sich subjektiv ist, kommt man nicht von selber. Darum nimmt man mich lieber nicht ernst, sonst müßte man mitdenken. Ich bin bewußt ein Einzelgänger. Ich gehöre nicht zur Avantgarde. Wer heute dieser angehört, trampelt in einer Herde mit. So sind denn auch die Assoziationen, aus denen sich meine Bilder zusammenbauen, Resultate meines persönlichen Denkabenteuers, nicht die einer allgemeinen Denkmethode. Ich male nicht surrealistische Bilder – der Surrealismus ist eine Ideologie –, ich male für mich verständliche Bilder: Ich male für mich. Darum bin ich kein Maler. Ich stelle mich der Zeit, und unserer Zeit kommt man nicht mit dem Wort allein bei. Das Denken in Begriffen, die Methoden der Mathematik, die notwendige Abstraktheit des wissenschaftlichen Denkens sind in der bildenden Kunst abstrakt nicht darstellbar. Es gibt nichts Abstrakteres als die Formel. Sie ist die letztmögliche Abstraktion. $E=mc^2$, zum Beispiel. Die

Mathematik hat eine Abstraktionsfähigkeit, die nicht mehr anschaulich ist, die das Anschauliche notwendigerweise durchstößt. Es ist unmöglich, die Relativitätstheorie nicht abstrakt darzustellen, außer man stellt sie in sinnlichen Gleichnissen dar. Sinnliche Gleichnisse jedoch sind nicht geometrische oder stereometrische Formen, sondern Mythen: unsere Mythen. Der ermöglichte Atlas. Vielleicht sind meine ersten Zeichnungen von Bosch beeinflußt, die grotesken Bilder des Beginns *(Apokalyptische Reiter, Die Welt als Theater)*, noch bevor ich Schriftsteller wurde. Aber ich suche nicht die Symbolik, die Bosch fand. Was ich – in meinem Schreiben wie Zeichnen – suche, sind die Bilder und Gleichnisse, die im Zeitalter der Wissenschaft noch möglich sind, einem Zeitalter, dem etwas gelang, was der Philosophie mißlang: die Realität abstrakt zu beschreiben. Wenn wir vier oder n Dimensionen brauchen, benötigen wir sie, weil sich die Fakten der Realität nicht anders beschreiben lassen. Wir haben nicht die Möglichkeit, diese hochkomplizierten Zusammenhänge und Gegebenheiten zu vereinfachen. Die Kernphysik ist nicht volkstümlich darstellbar. Sie ist nur volkstümlich zu umschreiben. Sie muß gedacht werden, will sie erfaßt werden. Es gibt keinen Rückzug ins Einfache. Was seiner Natur nach nicht anschaulich ist, kann lediglich durch Gleichnisse dargestellt werden. Darum ist die abstrakte Kunst – dort, wo sie stimmt – bestenfalls poetisch, Schönheit der Linien. Sie ist reine Form und damit reine Ästhetik. Nie war die Malerei ästhetischer denn heute. Was sie als ihren Sinn ausgibt, ist nur behauptet, nicht integriert. Sie als ›intellektuelle Aussage‹ darzustellen ist Unsinn. Immer wieder: ich bin kein Maler. Ich male technisch wie ein

Kind, aber ich denke nicht wie ein Kind. Ich male aus dem gleichen Grund, wie ich schreibe: weil ich denke. Malerei als eine Kunst, ›schöne Bilder‹ zu machen, interessiert mich nicht, ebenso wie mich die Kunst, ›schönes Theater‹ zu machen, nicht interessiert. Ich könnte nicht hauptberuflich Maler sein, aus dem einfachen Grunde: ich wüßte die meiste Zeit nicht, was ich malen sollte. Ich bin ein zeichnerischer Dilettant. Als Student wohnte ich in Bern in einem Zimmer, das ich ausgemalt hatte. Über dem Bett war eine skurrile Kreuzigung, daneben Szenen aus meinem ersten, nie veröffentlichten Stück, zu dem noch eine Zeichnung existiert, eine meiner frühesten. So stellt denn mein Malen und Zeichnen eine Ergänzung meiner Schriftstellerei dar – für alles, das ich nur bildnerisch ausdrücken kann. So gibt es denn auch nur wenig rein ›Illustratives‹ von mir. Auch beim Schreiben gehe ich nicht von einem Problem aus, sondern von Bildern, denn das Ursprüngliche ist stets das Bild, die Situation – die Welt. Im übrigen bin ich immer noch erstaunt über die Verrücktheit Daniel Keels, dieses Buch herauszubringen, und immer noch verlegen, daß Manuel Gasser, dem die Malerei so viel verdankt, gar das Vorwort dazu schrieb, und – ich muß es zugeben – nun doch etwas stolz darüber, daß er über meine Malerei und Zeichnerei kein ›Donnerwort‹ gesprochen hat.

Kronenhalle

1.
Ich bin an wenigen Orten daheim

Im Haus über dem See

Auf der andern Seite des Monds

Auf der Bühne des Schauspielhauses
Umstellt von Kulissen

Und in der Kronenhalle
In Mutter Zumstegs Reich

Die Leberknödelsuppe dampft
Aldo kommt mit dem Wagen angerollt
Und ich denke über einen Auftritt der Giehse nach

2.
An den Nachmittagen zwischen drei und vier
    Am Tisch
Zwischen den Glasscheiben

Wie hinter Silberstaub schläft die Katze
    Auf der Bank in der Ecke
Kein Gast wagt sie zu stören

Vor blauen Tramwagen manchmal
  Bewegen sich die Vorhänge

Geisterhaft auf die gleiche Scheibe gespiegelt
  Erscheint aber auch
Mein Gesicht und die fernere Theke

Schiebt sich
  Der Hintergrund vor den Vordergrund.

Versuche über Manuel Gasser

1979

Der dritte Versuch ist am schwierigsten. Daß sein Vater und meine Mutter aus dem Gürbetal stammen, daß der Bruder seines Großvaters und mein Großvater Antipoden im schönen Dorfe Herzogenbuchsee waren, der eine als liberaler Arzt, der andere als dichtender Volkspolitiker, daß wir beide, wenn auch aus verschiedenen Gründen, mit dem frommen Lehrerseminar Muristalden in Berührung kamen, daß unter seinen Vorfahren viele Pfarrherren zu finden sind und daß ich Sohn und Vater eines Pfarrers in einem bin – alles dieses bernisch Verschlungene, das sich ins schier Endlose fortspinnen und nachweisen läßt, erleichtert ihn nicht gerade. Die zwei ersten Versuche unternahm ich in einem Gästebuch in Neuchâtel, behindert bei beiden durch das Format: mißlang mir der erste völlig, gelang mir der zweite mäßig. Man lernt beim Zeichnen einen Menschen am besten kennen. Manuel Gasser ist nicht nur ein eminenter Kopf, er besitzt auch einen eminenten Schädel: Was sich da aufbaute, von meinem Stift entdeckt, war etwas Bäurisches, in sich Ruhendes, ein durchaus mächtiger Kopf, dem nur der breite Pinsel des alten Hodler gewachsen gewesen wäre, der auch auf eine vertrackte Weise in den Gasserschen Stammbaum hineinwuchert. Doch drückt dieser Kopf trotz seiner Architektur nicht Macht, sondern Humanität aus, ja eine große Güte und eine scheue

Sensibilität. Dazu fähig zu sein, braucht es vielleicht den
Starrsinn, der diesen Schädel mitprägen half: Hier erst
wird mir deutlich, warum mein dritter Versuch, Manuel
Gasser zu porträtieren, sich als schwieriger erweist als
meine beiden zeichnerischen, an denen freilich Manuel
Gasser nicht schuldlos ist. Wenn nach Varlin Anna In-
dermaur diesem zugerufen haben soll, »Male, Willy,
denke nicht!« so hat es Manuel Gasser auf eine sträfliche
Weise unterlassen, mich zurechtzuweisen, »Denke,
zeichne nicht.« Doch ist dieser umgekehrten Zurechtwei-
sung weitaus schwieriger nachzukommen. Das Wort ist
ungenauer als der Strich, und wenn nach Lessing nicht
die Beschreibung die Aufgabe des Schriftstellers ist, so
muß diese in der Darstellung einer Handlung liegen, und
was wäre die Handlung einer Persönlichkeit anderes als
ihre Wirkung. Die läßt sich mit Worten beschreiben. Im
Falle unseres Jubilars: In einer Zeit, die krampfhaft nach
dem Unkonventionellen aus ist und deshalb immer mehr
ins Konventionelle verkrampft, wirkt er, einer der wenigen wirklich Unkonventionellen, auf eine wohltuende
Weise konventionell: Er macht nie eine Mode mit, er
wagt Standpunkte einzunehmen, die außer ihm beinahe
niemand mehr einzunehmen wagt, mit jener gelassenen
Selbstverständlichkeit, die nur jenem eigen ist, der weiß,
daß die Zeit jedes Neue ins Alte und jedes Alte ins Neue
verwandelt, ein Wissen, das weder dem Bürger noch dem
Antibürger vertraut ist – um endlich auch einmal Kli-
schees zu verwenden: Der eine hofft auf die Unveränder-
lichkeit, der andere auf die Veränderung, der eine ist an
die Gegenwart gekettet, der andere keucht unter der
Zukunft; mit der Zeit zu leben ist die Weisheit der
Bauern. Es wird mir ganz unheimlich, was ich plötzlich

für Sätze schreibe, nur weil ich als Berner über einen anderen Berner schreibe. Um zu schließen, mit wenigen ungeduldigen Strichen wie bei meinen zwei anderen Versuchen, um hier noch zu unterstreichen, da noch etwas zu mildern usw.: Manuel Gassers Liebe zur Kunst ist eine Kunst der Liebe: Er betrachtet sie nicht wie ein Kritiker, sondern wie ein Liebhaber. Immer wieder überrascht, was der Mensch doch noch hervorzubringen vermag, ist ihm die Freude darüber wichtiger als die Frage der Kunstdialektiker, ob der Zeitgeist, den sie erfunden haben, sich bestätigt oder angegriffen fühle. Was bei Manuel Gasser überzeugt, ist seine Fähigkeit, hinter dem vorgeschobenen Nebensächlichen, den Kunsttheorien, das Wirkliche zu entdecken, den Schutt wegzuräumen, hinter den sich heute allzu viele ducken, aus Angst, nicht zeitgemäß zu sein. Ohne ihn, den unzeitgemäßen Entdecker und Mutmacher, hätten viele den Sprung aus der Deckung des Zeitgemäßen heraus, ohne den es keine Schöpfung mehr gibt, in die Freiheit dessen, was nur ihnen gemäß ist, nicht gewagt.

Essay über Tomi Ungerer,
in welchem unter anderem auch
von Tomi Ungerer die Rede ist,
doch mit der Absicht,
nicht von ihm abzuschrecken

1979

Zuerst das Selbstverständliche: Jeder ist Einflüssen ausgesetzt. Ungerer ist ohne jenen Zeichner unserer Zeit, den ich für wichtiger als Picasso halte, Saul Steinberg, schwer denkbar. Nicht daß ich etwas gegen Picasso hätte, außer daß mir seine Zeitgebundenheit auf die Nerven ging. Das verhinderte, daß ich mich je als sein Zeitgenosse empfand: Er war für mich stets mehr ein kunsthistorisches als ein künstlerisches Ereignis. Deshalb geht mir auch Rubens auf die Nerven. Dieser wurde Katholik, um der Maler der Gegenreformation zu werden, dabei war er Zeitgenosse Galileis und Descartes', er hinkte ihnen nicht einmal nach, er rannte vor den beiden fort. Zugegeben, bei Picasso ist der Fall delikater: Er fiel ins kunsttheoretische Jahrhundert, das den Stil erfand, besser die Stile, in dem sich ein Stil aus dem anderen entwickelt, immer schneller, und bald werden auch die letzten noch möglichen Stile heruntergepinselt, -gestrichelt, -geklebt, -gespritzt, -gelocht und -gesägt sein. Computer werden sie entworfen haben. So war Picasso denn kein Zeitgenosse, sondern ein Stilgenosse, der gewaltigste, aber sein *Guernica* ist keiner Radierung der *Desastres* Goyas gewach-

sen. Diese stellen den Krieg ungleich fürchterlicher dar.
Der Krieg läßt sich nicht stilisieren, und was Picassos
Friedenstaube betrifft, so ist sie als Symbol ebenso gro-
tesk geworden wie Hammer und Sichel, ist doch heute
der Friede nichts anderes als die Fortsetzung des Krieges
mit noch gräßlicheren Mitteln. Daß ich Rubens und
Picasso gleichwohl als Maler bewundere und den Hut vor
ihnen ziehe, obgleich ich nie einen trage, tut nichts zur
Sache. Saul Steinberg bewundere ich nicht, ich habe keine
Zeit dazu. Ich wohne zeichnerischen Experimenten bei,
die unsere Zeit festhalten. Unter Zeitgenossen gibt es
keine Bewunderung, nur Mitgefühl: Wir stecken in der
gleichen Scheiße. Wie Ungerer auch. Zugegeben, beim
Betrachten seiner neuen Zeichnungen dachte ich sofort
an Daumier, der vor hundert Jahren gestorben ist,
1879. An einen schrecklichen Daumier freilich. Nun bin
ich bei Ungerer vorsichtig. Er macht niemanden nach,
aber er benutzt viele. So etwa Ludwig Richter für die
Illustration des *Großen Liederbuches* und des *Heidi*.
Illustrationen, die nur scheinbar von Richter stammen
könnten, viele könnten von Daumier sein, der Richter
karikiert. Ungerer weiß, daß man sich nicht nur durch
das Leben, sondern auch durch das Zeichnen zu listen
hat; darum wohl arbeitet er mit hundertjährigem Material: Ludwig Richter ist 1884 in geordneten finanziellen
Verhältnissen gestorben. Im Gegensatz zu seinem französischen Zeitgenossen verniedlichte er die Welt derart,
daß uns nachträglich eine Epoche, die Daumier und
Richter gleichzeitig hervorbrachte, geradezu unwahr-
scheinlich vorkommt. Dennoch hat es sie gegeben, so wie
es nun einen Ungerer gibt, der sein eigener entgegenge-
setzter Zeitgenosse ist. Dem Phänomen lohnt es sich

nachzuspüren. Halten wir uns zuerst an Daumier und Richter. Daumier der Franzose: in seiner frühesten Jugend die Glanzzeit Napoleons mit ihrem wohl verhängnisvollsten Resultat: Europa wird nationalistisch; Daumier war sieben, als der Zweite Pariser Frieden den endgültigen Zusammenbruch des Kaiserreichs herbeiführte; zwanzig, als der letzte Maler-Gigant, Goya, in Bordeaux starb; mit dreiundzwanzig beginnt Daumier bekannt zu werden. Seine Zeitgenossen Corot, Courbet, Delacroix, Ingres, die Schriftsteller Balzac, Stendhal, Baudelaire überlebt er. Unnötig auszuführen, was während seiner Zeit politisch geschieht: die Restauration, die Juli-Monarchie, das zweite Kaiserreich, mit verzweifelten Aufständen des verratenen Volkes dazwischen, bis es 1870 zur Katastrophe kommt. Bismarck formulierte die Emser Depesche um, eine der denkwürdigsten stilistischen Leistungen, Metz, Sedan, die Kommune, die Dritte Republik. 1879 stirbt Daumier erblindet in einem Haus an der Oise, das dem verarmten Maler sein Freund Corot hinterlassen hatte. Das Zeitalter der Impressionisten ist schon angebrochen; 1883 stirbt Manet. Daumier hat die Menschen seiner Zeit festgehalten: Seine Karikaturen sind die Masken, die zum Vorschein kommen, wenn den Menschen die Masken heruntergerissen werden. Je älter er wurde, desto bitterer wurde er, desto einfacher sein Stil; als Maler nicht minder bedeutend, ja vielleicht noch bedeutender denn als Zeichner, näherte er sich Goya; ein Einzelgänger innerhalb der französischen Malerei; die tausend Fratzen, die er zeichnete, ziehen sich zu zwei Gestalten zusammen, zu Don Quijote und Sancho Pansa. Ihm gegenüber Ludwig Richter, ein Deutscher, geboren 1803, fünf Jahre vor Daumier. 1804 stirbt

Kant; 1807 bricht Preußen zusammen; Fichte hält seine *Reden an die deutsche Nation*; darauf, nach den Befreiungskriegen, das qualvolle Ringen um den ›deutschen Staat‹, das brodelnde Gären eines Urbreis, aus dem wie Vulkanausbrüche die Ideen aufsteigen, die Romantik, das dialektische Ich Fichtes, das dialektische System der Hegelschen Metaphysik, deren dialektische Umstülpung in einen metaphysischen Materialismus durch Marx, dazwischen der wilde Stirner, der *Einzige und sein Eigentum* – das erste philosophische Buch, das ich las –, irgendwann unterdessen stirbt Goethe, revolutioniert Büchner das Drama, später der Aufstieg Preußens, die Industrialisierung, das Preußisch-Deutsche Kaiserreich, Wotan betritt die Bühne, Parsifal, Erlösung dem Erlöser usw. usw.; kaum vorstellbar, daß Nietzsche vier Jahre nach Ludwig Richters Tod seine Schriftstellerei mit dem *Antichrist* und den *Dionysos-Dithyramben* beendete, um dann in Turin ein Pferd zu umarmen, bevor er in die Hände seiner bigotten Schwester fiel. Assoziationen, gewiß, aber Ungerer arbeitet auch so. Zeitgenossenschaft! Wenn einer nicht Zeitgenosse seiner Zeit war, dann Ludwig Richter, wenn einer es war, dann Daumier. Tomi Ungerer ist Elsässer, geboren 1931 in Straßburg, einer freien Reichsstadt, die am 28. September 1681 von Frankreich, von Ludwig XIV., dem Sonnenkönig, annektiert worden war, mitten im Frieden. Im Sommer 1938, als Tomi siebenjährig war und ich siebzehn, fuhr ich mit dem Fahrrad nach Straßburg in die Ferien, um Französisch zu lernen. Ich radelte von Basel drauflos, gespannt auf die Grenze, es war abenteuerlich, die Schweiz zu verlassen, und nach zwei Stunden schwante mir, daß ich wohl schon längst über die Grenze geradelt war.

Ich wußte nichts von Tomi und er nichts von mir, vielleicht sind wir uns begegnet, aber da wir uns nicht kannten, erkannten wir uns nicht. Darum weiß ich auch nichts von seiner Jugend. Überhaupt weiß ich wenig von ihm. Und das Material, vom Verlag mir zugeschickt, lasse ich vorsorglich beiseite, schreibe ich doch am besten als Unwissender. Als ich ihn persönlich kennenlernte, war er schon das Resultat seiner selbst: nicht mehr aufzuschlüsseln, nur noch zu erraten; bloß, daß seine Frau mir ungemein gefiel, sie sah aus wie von ihm gezeichnet, nur bedeutend schöner. Als er siebenjährig war und ich mich in Straßburg befand, war diese Stadt ungeeignet, mir Französisch beizubringen. Allzu viele Straßburger bereiteten sich darauf vor, daß wieder einmal ihre Staatsbürgerschaft gewechselt würde. Ich wohnte bei einer Pfarrerfamilie in der Nähe irgendeiner lahmgelegten Fabrik und eines Fußballplatzes. Es war ein heißer Sommer. Ich saß nackt und schweißübergossen in einer Mansarde und versuchte, ein Tagebuch zu schreiben. Es fiel mir nichts ein. Dicke schwarze Fliegen umsummten mich und krochen an mir herum. Jenseits des Rheins lag das neue Deutsche Reich einer tausendjährigen Zukunft und brütete Unheil, SS-Männer glotzten einen an, auch schwarz, auf ihren Mützen Totenköpfe, die einen ebenfalls anglotzten, um Straßburg herum lag das alte Römische Reich Deutscher Nation einer tausendjährigen Vergangenheit. In Sesenheim versuchte ich, mich auf französisch verständlich zu machen. Die Sesenheimer verstanden noch weniger Französisch als ich; sie verstanden nur Goethisch, elsässisch ausgesprochen. Auch hier war alles voller dicker schwarzer Fliegen. Und jetzt wird mir bewußt, daß damals Sesenheim aussah, als hätte es Ludwig Richter gezeichnet, nur die Fliegen unterdrückte er. Und auf meiner Radtour kam ich durch Dörfer, die nicht nur nichts vom Westfälischen Frieden wußten, sie wußten auch nicht, daß es je einen Dreißigjährigen Krieg gegeben hatte. Auf meiner Reise dorthin hatte ich mich in die Vergangenheit verirrt. Ein Jahr zuvor hatte ich Süddeutschland durchradelt und war bis Weimar vorgedrungen, Eisenach, Frankfurt, nirgends sah ich deutschere Dörfer als im noch nicht deutschen Elsaß. Möglicherweise weilte Tomi Ungerer in einem dieser Dörfer einmal in den Ferien. Von einem dieser Nester weiß ich noch, daß mich ein Storch verfolgte, nachdem ich das Dorf durchradelt hatte. Vielleicht saß ich auf dem ersten Fahrrad, welches das Tier je gesehen hatte, so daß es mich für ein mythisches Doppelwesen hielt. Ein Jahr darauf kam der Krieg. Kunststück: auf das Jahr 1938 mußte das Jahr 1939 folgen; und damit brach die endgültige Nacht über jene endlose Götterdämmerung herein, die Daumier karikiert und Richter verelsässert hatte, ein idiotisches Weltblutbad unter all denen, die den Ersten Weltkrieg verloren hatten, von denen sich einige einbildeten, sie hätten ihn gewonnen, mit dem Resultat, wie es jene Frau erlebt aus dem Bildband, den ich hier einleiten soll: Aus ihrem Schoß schießt eine Ratte hervor: unser aller Zeitgenosse. Ungerer war acht, als die Ratte kam, dreizehn, als sich die Ratte mit den Ratten, die sich in sie verbissen, zum Rattenkönig verfilzt hatte. Diesmal gab es nur Sieger, als es tagte: Ratten. Ungerers zweite Welt, jene seines *Fornicon* (Ratten in Apparaten, ihre Sexualität zu untersuchen), jene seines *Babylon* (Ratten, in einem Labyrinth gefangen, das ein irrer Wissenschaftler baute, sie zu beobachten, wo sie sich paaren, sich anfallen, sich selbst zerfleischen, bis sie an Mutationen, Degenerationen und Perversionen verrecken). Bilder wie Atommüll, Karikaturen einer Welt, die sich selbst karikiert, Karikaturen im Quadrat, Karikaturen². Hieroglyphen des Schreckens: »Und sieh! Und sieh! An weißer Wand, da kam's hervor wie Menschenhand; und schrieb, und schrieb an weißer Wand Buchstaben von Feuer, und schrieb und schwand.« Was der Prophet Daniel dem König von Babylon deutete: dessen Zukunft, deutet Ungerer uns: unsere Zukunft. Sie erscheint auf seinen Blättern: »Mene, mene tekel upharsin! Gezählt, gezählt, gewogen, zu leicht gefunden, den Persern anheimgegeben!« Doch nicht nur ihnen, die uns das Öl sperren, schlimmer noch, den Menschen insgesamt, die unbarmherziger sind, als Jehovah je war. Gewiß, ein rücksichtsloses Buch, grausam wie jede Apokalypse. Doch gerade von diesen schlimmen Visionen her ist der Ungerer des *Liederbuches* und des *Heidi* zu begreifen: Vom Hintergrund einer heilen Welt der Unwirklichkeit her, weißgetüncht wie die Wand in Belsazars Königsschloß, bevor die Hand kam; von jenem Sesenheim aller Sesenheime, wo die Friederike zu Goethe aufschaut wie Heidi zum Alm-Öhi, so lange, bis sie sich mit einem Contergan-Kind auf dem Rücken in unserer unheilen Welt wiederfindet, und so lange, bis Heidis Geißenpeter gläubig den Stacheldraht begießt, das rostige Dornengehege, in welchem wir uns, eingenickt über dem Prinzip Hoffnung, einen Dornröschenschlaf leisten, aus dem uns kein Prinz, sondern eine siebenjährige Dirne wachküßt, nackt unter ihrem weit geöffneten Mantel: die Hure Babylons unserer Zeit, denn Babylon ist überall, Sesenheim nirgendwo. Unsere heile Welt steht nur noch als polierte Kugel auf dem Sockel im

Salon, klebt nur noch als rotes, blaues oder weißes Viereck eingerahmt an unserer Tapete. Ja, selbst der deutsche Bundespräsident hat den ›Schwager hoch auf dem gelben Wagen‹ verlassen. Wer soll da noch den Mut aufbringen weiterzusingen? Und unser damaliger Schweizer Bundespräsident hätte kaum, anläßlich des Besuchs des sangesfreudigen deutschen Bundespräsidenten, als die zwei Staatsmänner andächtig nebeneinanderstanden im Bewußtsein, ihre Völker dadurch einander näherzubringen, auf dem Thunersee Rilke zitiert (wie der Gast, überrascht über so viel bundesrätliche Kultur, danach beim Bankett erzählte – ich war zugegen): »Die Blätter fallen, fallen wie von weit, als welkten in den Himmeln ferne Gärten«, wenn das Gedicht mit *Seveso* statt *Herbst* überschrieben gewesen wäre. Armer Prophet Tomi Ungerer! Beschwören wir noch einmal Goethe, der besser im Elsaß geblieben wäre, statt an seinem Weimarer Musenhof zu vergammeln: »Töne, Schwager, ins Horn, raßle den schallenden Trab, daß der Orkus vernehme: ein Fürst kommt, drunten von ihren Sitzen sich die Gewaltigen lüften.« Um eine Welt darzustellen, die es leider gibt, die unsrige, mußte Ungerer auch eine Welt darstellen, die es beinahe gab, in seinem Elsaß eben, und die, indem man allzulange glaubte, daß es sie wirklich gegeben habe, einer der Gründe ist, daß es nun die Welt gibt, die es gibt: *Babylon.* Den Mut, die folgenden Seiten zu betrachten, mußt du, lieber Leser und Kunstfreund, nun aufbringen. Auch du bist ein Zeitgenosse. Ich weiß, es macht keinen Spaß. Möglicherweise wirst du ein Kunstfeind dabei. Werde es. Die Kunst hat heute ohnehin zu viele falsche Freunde. Aber die Zeit, bei der einem der Spaß vergeht, ist keine verlorene Zeit. Man kommt vielleicht in ihr drauf, daß Nachdenken eine Beschäftigung ist, die wir als Zeitgenossen unser selbst und der anderen Ratten* dieses Planeten bitter nötig haben, freilich nur, wenn wir uns abgewöhnen, mit jenem Körperteil zu denken, mit dem jener Kunstfreund denkt, den Ungerer in seiner Zeichnung *Après moi le déluge* dargestellt hat, und mit dem sich die Gewaltigen im Orkus, wenn Tomi Ungerer kommt, lüften.

Neuenburg, 24 Std. 26 Min. nach dem Absturz
von Skylab über Australien

*Der Autor dieses Vorwortes hat von den Ratten eine überaus hohe Meinung. Nach Konrad Lorenz benehmen sie sich untereinander wie Urchristen. Nur wenn fremde Ratten auftauchen, werden sie bösartig. Es tut mir ungemein leid festzustellen, daß sich die Menschen, seit die Urchristen eingegangen sind, der Hauptsache nach untereinander bösartig benehmen: Entschuldigen wir uns denn bei den Ratten, daß wir Menschen sind. »Homo homini rattus inimicus«: der Mensch ist für den Menschen eine feindliche Ratte.

Anhang

Nachweis

Vom Anfang her. Geleitwort zur Platte ›Herkules und der Stall des Augias‹, vom Autor gelesen. Deutsche Grammophon Gesellschaft, 1957. Auch in *Theater-Schriften und Reden,* Verlag der Arche, Zürich 1966. (Im folgenden zitiert als *TR.)*

Dokument. 1965. Aus *TR.*

Meere. Manuskript.

Gedichtband bei einer Mittagszigarre. Manuskript 1950.

Randnotizen zu Else Lasker-Schülers ›Dichtungen und Dokumente‹. 1951. Aus *TR.*

Fingerübungen zur Gegenwart. 1952. Aus *TR.*

Lieblingsgedichte. Aus ›Lieblingsgedichte‹, herausgegeben von Georg Gerster, Verlag der Arche, Zürich 1953. Auch in *TR.*

Die Dritte Walpurgisnacht. ›Die Weltwoche‹, Zürich, 3. März 1953. Auch in *TR.*

›Stiller‹. Roman von Max Frisch. Fragment einer Kritik. 1954. Aus *TR.*

Schriftstellerei als Beruf. Vortrag im Studio Bern, 25. April 1956, teilweise umgearbeitet 1965. Auch in *TR.*

Vom Sinn der Dichtung in unserer Zeit. Vortrag an der Tagung der Evangelischen Akademie für Rundfunk und Fernsehen, September 1956, ›Jahrbuch der christlichen Rundfunkarbeit‹, München 1958. Leicht verändert in *TR.*

Über Walter Mehring. ›Die Weltwoche‹, Zürich, 18. Mai 1956. Auch in *TR.*

Gibt es einen spezifisch schweizerischen Stoff, der verfilmt werden müßte? Antwort auf eine Umfrage. ›Die Weltwoche‹, Zürich, 18. Januar 1957.

Vom Schreiben. Rede zu einer Lesung in München. Manuskript 1959.

Friedrich Schiller. Rede, gehalten im Nationaltheater in Mannheim anläßlich der Übergabe des Schillerpreises, 9. November 1959. Aus *TR.*

Untersuchung über den Film ›Das Wunder des Malachias‹. 1959. Aus *TR.*

»Der Rest ist Dank«. Rede, gehalten im Schauspielhaus Zürich anläßlich der Übergabe des Großen Preises der Schweizerischen Schillerstiftung, 4. Dezember 1960. In: Werner Weber/ Friedrich Dürrenmatt, *Der Rest ist Dank*, Verlag der Arche, Zürich 1961. Auch in *TR.*

Über Balzac. ›Die Weltwoche‹, Zürich, 12. Dezember 1960.

Autorenabend im Schauspielhaus Zürich. Ansprache, 25. Juni 1961. Aus *TR.*

Persönliches über Sprache. ›Gazette Littéraire‹, Lausanne, 26. August 1967, und ›Die Weltwoche‹, Zürich, 10. November 1967. Auch in *Dramaturgisches und Kritisches. Theater-Schriften und Reden II*, Verlag der Arche, Zürich 1972. (Im folgenden zitiert als *D.*)

Ist der Film eine Schule für Schriftsteller? ›Die Weltwoche‹, Zürich, 12. Januar 1968. Auch in *D.* (In der ›Weltwoche‹ vom 3. November 1967 hatte Alexander Seiler den Aufsatz ›Filmklima‹ von Günter Herburger – erschienen in ›Film‹, Oktober 1967 – zitiert und kommentiert.)

Rede von einem Bett auf der Bühne aus. Zur Verleihung des Ehrendoktors der Temple University, Philadelphia, 1969. ›Sonntags Journal‹, Zürich, 29./30. November 1969. Auch in *D.*

Nachträgliches. 1971. Nachwort zu *D.*

Kunst. 1947/1948. Aus *TR.*

Zu den Teppichen von Angers. ›Du‹, Zürich, Mai 1951. Auch in *TR.*

Über Ronald Searle. Vorwort zu Ronald Searle, ›Weil noch das Lämpchen glüht‹, Diogenes, Zürich 1952. Auch in *TR.*

Geleitwort zu Paul Flora's ›Trauerflora‹. In: Paul Flora, ›Trauerflora‹, Diogenes, Zürich 1958.

Vorwort zum Buch von Bernhard Wicki ›Zwei Gramm Licht‹.
Hamburg 1960. Auch in *TR*.

Über Rosalie de Constant. ›La Suisse‹, Lausanne, Neujahrs-
ausgabe 1961. Auch in *TR*.

Varlin schweigt. Rede zur Verleihung des Zürcher Kunstpreises.
1967. Aus *D*.

Varlin. In: Hugo Loetscher, ›Varlin. Der Maler und sein Werk.
Eine Monographie‹, Verlag der Arche, Zürich 1969. Auch in
D.

An Varlin. Manuskript.

Notizen zu Hans Falk. Geleitwort zu: Fritz Billeter, ›Hans
Falk‹, ABC-Verlag, Zürich 1975. Auch in *Friedrich Dürrenmatt Lesebuch*, Verlag der Arche, Zürich 1978.

Persönliche Anmerkung zu meinen Bildern und Zeichnungen.
Aus *Bilder und Zeichnungen*, ausgewählt von Christian
Strich, Diogenes, Zürich 1978.

Kronenhalle. Manuskript.

Versuche über Manuel Gasser. Aus *70 Jahre Manuel Gasser.*
Festschrift, Conzett + Huber, Zürich 1979.

*Essay über Tomi Ungerer, in welchem unter anderem auch von
Tomi Ungerer die Rede ist, doch mit der Absicht, nicht von
ihm abzuschrecken.* Vorwort zu Tomi Ungerer, ›Babylon‹,
Diogenes, Zürich 1979.

Namenregister